A QUESTION OF BALANCE

Weighing the Options on Global Warming Policies

平衡问题

全球变暖政策选择的权衡

［美］威廉·诺德豪斯　著

梁小民　译

中国出版集团　东方出版中心

图书在版编目（CIP）数据

平衡问题：全球变暖政策选择的权衡 /（美）威廉
·诺德豪斯著；梁小民译 . —上海：东方出版中心，
2020.11
（威廉·诺德豪斯著作集）
ISBN 978-7-5473-1730-3

Ⅰ. ① 平… Ⅱ. ① 威… ② 梁… Ⅲ. ① 全球变暖 – 影
响 – 经济政策 – 研究 – 世界 Ⅳ. ① F110

中国版本图书馆 CIP 数据核字（2020）第 230443 号

上海市版权局著作权合同登记：图字 09—2020—689 号

平衡问题：全球变暖政策选择的权衡

著　　者　[美]威廉·诺德豪斯
译　　者　梁小民
责任编辑　沈旖婷
装帧设计　陈绿竞

出版发行　东方出版中心
地　　址　上海市仙霞路 345 号
邮政编码　200336
电　　话　021-62417400
印 刷 者　山东韵杰文化科技有限公司

开　　本　890mm×1240mm　1/32
印　　张　6.625
字　　数　111 千字
版　　次　2020 年 11 月第 1 版
印　　次　2020 年 11 月第 1 次印刷
定　　价　48.00 元

简单化是复杂的最高形式。

——列奥纳多

致 谢

这项研究得到了耶鲁大学、美国国家科学基金会（National Science Foundation）、能源发展署（Department of Energy），以及格拉泽基金（Glaser Foundation）的慷慨支持。我感谢这些组织中负责该项目的工作人员，他们对这项研究及其早期工作提供了多年关键性支持。第 8 章的一个早期版本发表在《环境经济学与政策评论》（*Review of Environmental Economics and Policy*）上，而第 9 章的一个版本发表在《经济文献杂志》（*Journal of Economic Literature*）上。

对当前工作提供了研究帮助的是大卫·科迪埃（David Corderi）、斯蒂芬·豪（Steve Hao）、勒斯廷·卢（Justin Lo）以及卡罗琳·维尔利（Caroleen Verly）。感谢威廉·克莱因（William Cline）、杰·埃德蒙兹（Jae Edmonds）、罗杰·戈登（Roger Gordon）、阿诺夫·格伦贝格（Arnulf Gruebler）、戴尔·乔根森（Dale Jorgenson）、克劳斯·凯勒（Klaus Keller）、沃尔夫干·卢兹（Wolfgang Lutz）、大卫·波普（David Popp）、约翰·赖利

（John Reilly）、杰夫里·萨克斯（Jeffrey Sachs）、罗伯特·斯塔文斯（Robert Stavins）、理查德·托尔（Richard Tol）、马丁·魏兹曼（Martin Weitzman）、约翰·韦安特（John Weyant）、杨自力（Zili Yang）以及加里·约埃（Gary Yohe），对模型迭代所作的评论，以及许多匿名审读者与评论者。特别感谢杨自力，他一直在 DICE 模型的几轮设计中与我合作，而且目前仍在进行区域版的一个联合项目，即 RICE 模型。

2007 年 10 月，诺贝尔和平奖授予政府间气候变化专门委员会（IPCC）以及小阿尔伯特·戈尔（Albert Gore Jr），"为他们建立并传播关于人为气候变化的更多知识以及为采取措施应对这种变化所做的基础性努力。"这个奖突出了全球变暖所涉及的科学、社会、环境与政策问题的重要性和复杂性。现在的工作要深深感谢在这个领域中工作的社会和自然科学家的突出贡献。作者从前一代研究者的基础研究中受益匪浅，特别是佳林·库普曼斯（Tjalling Koompommans）、莱斯特·马兹塔（Lester Machta）、阿伦·曼内（Alan Manne）、霍华德·雷法（Howard Raiffa）、罗杰·拉韦利（Roger Ravelle）、托马斯·谢林（Thomas Schelling）、约瑟夫·斯莫戈任斯基（Joseph Smagorinsky）、罗伯特·索洛（Robert Solow）和詹姆斯·托宾（James Tobin）以及对 IPCC 四份评估报告作出贡献的几十位朋友与同事。如果说我看到了什么，那就可以用牛顿的话来解释，正是因为我站在巨人的肩膀上。因此，这本书要献给过去与现在在全球变暖中耕耘的社会和自然科学家们。

导　言

　　在理解全球变暖及减缓其有害影响采取的行动中所涉及的问题是当代主要的环境挑战。全球变暖提出了问题的一种独特混合，这种独特混合产生于全球变暖是一种全球公共产品这一事实，要减缓或阻止它代价高昂，而且具有使人气馁的科学与经济不确定性，它在未来的几十年，甚至几百年中，都将给全球投下阴影。

　　应对全球变暖的挑战特别困难，这是由于它横跨了许多学科与行业。生态学家把它看成对生态系统的威胁，海洋生物学家把它作为引起海洋酸化的问题。公用事业把它作为收支平衡表上的债务，以及煤矿从业者把它作为生存的现实威胁。实业家把全球变暖既作为一个机会又作为一种风险，只要不提到税收，政治家就把它作为一个重要问题，滑雪胜地把它作为已经缩短的滑雪季的致命危险，高尔夫球员把它作为全年娱乐的恩赐，而穷国把它作为对农民的威胁，以及金融与技术援助的一个来源。这种多面性也对自然和社会科学家提出了挑战，他们必须把地球物理、经济和政策原则的广泛多样性结合到他们的诊断与处方中。

这是一个全球变暖的时代——以及一个全球变暖研究的时代。本书用经济学与数学模型编制的工具分析减缓全球变暖有效与无效的方法。它描述了一个小但全面的经济与气候模型，它被称为DICE-2007 模型，即动态一体化气候与经济模型。

本书报告了作者与同事提出的早期模型的全面修改版，以说明减缓全球变暖可供选择的方法的经济与环境动态。它代表了模型编制工作的第五次重要修改，以前的版本是在 1974—1979 年，1980—1982 年，1990—1994 年和 1997—2000 年时期形成的 [1]。在不同期间，许多方程式和细节都改变了，但基本的模型编制哲学仍然未变：结合最新的经济与科学知识，并以尽可能简单而透明的形式抓住气候变化经济学的主要内容。用列奥纳多的话来说，指导哲学是"简单化是复杂的最高形式"。

本书把 DICE 模型新版本的说明和一些主要问题与政策建议的分析结合在一起。以下是本书主要章节的简要概述。

第 1 章是"致关心全球变暖的读者"，这一章说明了研究的基本方法与主要结果。这一章是独立的，对想有一个广泛了解的非经济学学者，以及喜欢有直观总结的专家，这一章是非常有用的。

第 2 章提供了一个 DICE 模型的文字表述。第 3 章提供了模型方程式的详细描述。在附录中提出了模型的实际方程式。

---

[1] 早期的版本已在一系列研究和著作中发表。中心的说明是 Nordhaus 1979 年，Nordhaus 和 Yohe，1983 年，Nordhaus，1994 年和 Nordhaus 与 Boyer，2000 年。

第 4 章描述了在计算机运算中分析的可供选择的政策。这些政策包括了从现在的《京都议定书》到理想化的完全有效率或"最优"经济方法。第 5 章提出了不同政策的主要效果，包括经济影响，碳价格和控制率，以及对温室气体浓度和温度的影响。

第 6 章到第 9 章提供了用 DICE 模型的进一步分析。第 6 章从不完全参与的影响开始。这个新的模型编制方法可以掌握只包括部分国家或地区政策分析的经济与地球物理影响；它说明了完全参与的重要性。第 7 章提出了关于不确定性对政策和结果影响的初步结论。第 8 章是针对政策的一章，它考察了控制排放的两种主要方法——价格与数量——并说明了价格类型方法令人惊讶的优点。

第 9 章提供了用 DICE 模型的框架，对最近气候变化经济学《斯特恩报告》的分析。最后一章包含了对结论的保留意见，并提出了研究的主要结论。在《DICE-2007 模型开发相随的说明与文件》（Nordhaus，2007a）中提供了 GAMS 计算机编码，模型的误差与技术细节。DICE 模型和结果的网站是 http://www.econ.yale.edu/~nordhaus/homepage/DICE2007.htm。

第1章 |
致关心全球变暖的读者

通常全球变暖的技术性研究都从决策者的执行概览开始。但我想为关心全球变暖的读者提供一个概览。接下来的论点是为科学家与非专业人士准备的，帮助他们简单了解经济学是什么，或者至少本书中的经济学是什么，以及全球变暖引起的两难处境。

在过去十年间，全球变暖已在国际环境舞台上占据了中心位置。所有经济和科学研究领域的分析人士都在认真思考面对变暖世界的前景。认真地考察这些问题就会发现，对各国应该如何加快减缓气候变化，现在并没有明确的回答。无论哪一种极端——无所作为或立即制止全球变暖——都不是明智的做法。任何一种设计良好的政策都应该平衡今天行动的经济成本与其相应的未来经济与生态收益。如何平衡成本与收益是本书强调的中心问题。

全球变暖问题概述

理解本书的基本前提是，全球变暖是一个严肃的，甚至也许是严重的社会问题。全球变暖的科学基础已经充分建立起来了。核心问题是煤、石油和天然气这类化石（或以碳为基础的）燃料的燃烧引起二氧化碳（CO_2）的排放。

像二氧化碳、甲烷、一氧化二氮和卤烃这类气体被称为温室气体（GHGs）。它们会在大气中积累，并极长期地存留几十年到几百年。高浓度的温室气体引起陆地与海洋表面变暖。这些变暖的影响通过大气、海洋和陆地的反馈效应而间接地放大。所引起的气候变化，如极端温度、降雨模式、风暴的位置与频率、降雪量、河流流向和水的可获得性，以及冰盖的变化，会给对气候敏感的生物与人类活动带来深远的影响。

虽然未来变暖的准确速度与程度是高度不确定的——特别是未来几十年以后——但几乎没有科学家怀疑，世界已经被卷入过去几千年空前的重大的一系列地球物理变化。科学家已经在几个领域中发现了这种综合病症的明显早期症状：温室气体的排放和大气中的浓度正在上升，有平均地面温度迅速增加的信号，而且科学家发现了判断的信号——例如高海拔的变暖更大——可以把这种特殊类型变暖的指标区分出来。最近的证据和模型预测表明，在下个世纪和以后，全球中值地面温度将迅速上升。《气候变化2007》，即政府间气候变化专门委员会的第四份评估报告（IPCC，

2007a，2007b），给出了未来一个世纪全球温度增加为 1.8℃到 4℃的最好估算。尽管这看来像是一种微小的变动，但它比过去一万年中发生的任何变化都迅速得多。

据估算，2006 年全球二氧化碳的排放约为 75 亿吨碳。把这种惊人的数字平摊到个人能够帮助我们理解。假定你每加仑油开 28 公里，每年开车一万公里。你的汽车每年将排出一吨左右碳（本书关注碳重量，其他研究有时也会讨论根据二氧化碳吨数的排放，它的重量是碳重量乘 3.67 倍。在这种情况下，你的汽车每年排放 4 吨左右二氧化碳）。或者你也可以从一个普通的美国家庭的角度来理解，它每年使用一万千瓦小时（kWh）电力。如果这种电力是用煤发的，则每年排放约 3 吨碳（或者 11 吨二氧化碳）。另一方面，如果电是用核能发的，或者如果你骑自行车去上班，这些活动碳的排放就接近于零。总之，美国一年排放 16 亿吨碳，这略多于每人每年 5 吨。对全世界来说，人均排放量为 1.25 吨左右。

研究气候变化政策的经济方法

本书用经济方法来权衡应对气候变化的不同选择。经济分析的本质是把所有经济活动转化为一个共同的核算单位来计算，然后通过它们对总量的影响来比较不同的方法。单位一般是按不变价格（如 2005 年的美元价格）计算的物品价值。但是，价值并不是真正的货币。准确地说，它们代表了标准的一组物品与劳务组合（例如，价值1000美元的食物，3000美元的住房，900美元的医疗服务等等）。因此，我们实际上可以把所有活动转化为这样一组标准化的数量。

为了说明经济方法，假定一个经济体只生产玉米。我们可以决定减少今天的玉米消费，并为未来储存玉米，以抵消气候变化对未来玉米生产的危害。在权衡这种政策时，我们考虑玉米今天与未来的经济价值，以决定储存多少玉米以及今天消费多少。在一个完全的经济核算中，"玉米"就是所有的经济消费。它可以包括所有市场物品与劳务，以及非市场和环境物品与劳务的价值。这就是说，适当衡量的经济福祉应该包括对人有价值的每一件事，即使这些事物并没有被包括在市场中。

气候变化的经济方法提出的中心问题如下：各国应该多快地减少二氧化碳和其他温室气体的排放？减排应该有什么样的时间安排？减排应该如何在不同行业和国家之间分配？另一个重要并在政治上有分歧的问题涉及如何强制消费者和企业。应该有一种强加给企业、行业和国家的排放限制制度吗？或者应该主要通过对温室气体征税来实施减排吗？富裕或贫穷家庭或国家的相对贡献应该是多少呢？

在实际中，气候变化的经济分析权衡减缓气候变化的成本与更迅速气候变化的危害。在减缓气候变化的成本方面，各国应该考虑是不是要减少它们的温室气体排放，以及减少多少。要减少温室气体的排放，特别是如果减排的程度大，就主要要求采用减少二氧化碳排放的高成本步骤。一些步骤包括减少化石燃料的使用；另一些包括使用不同的生产技术或可供选择的燃料与能源来源。社会在使用不同方法改变能源生产与使用形式上有相当多的经验。经济史与分析指出，使用市场机制是最有效的，即主要是提高碳燃料价格，向消费者和企业发出信号并提供刺激，以改变能源使用，并减少碳排放。长此以往，高碳价格将激励企业开发新技术，轻松转向低碳未来。

在气候危害方面，我们的知识是极为贫乏的。在人类文明的大部时间范围内，全球气候形式一直保持在一个极为有限的范围内，从一个世纪到下一个世纪，变化在摄氏温度（℃）的十分之几。人类居住地，连同其生态系统与有害生物一起普遍适应了它们生长的气候和地球物理特点。经济研究表明，这些与气候分开的经济部门，例如有空调的房子以及大多数制造业经营，在下个世纪左右很少受气候变化的直接影响。

但是，那些"不可控"的人类与自然系统，比如，靠雨的农业，季节性降雪和河流流向，以及大多数自然生态系统，会受到相当大的影响。虽然在这个领域中的经济研究受制于相当大的不确定性，但本书中最好的猜测是，到21世纪末，来自不受干预的气候变化的经济危害大体每年为世界产量的2.5%左右。危害可能最主要集中在热带非洲和印度这样低收入热带地区。虽然一些国家可能从气候变化中受益，但气候变化仍然可能是对与气候敏感物理系统密切相关的地区的重大破坏，无论是通过河流、港口、台风、季风、永久冻土、害虫、灾害、霜，还是干旱。

气候变化经济学的 DICE 模型

本书的目的是在 DICE 模型的框架中考察气候变化的经济学，DICE 模型是气候与经济动态一体化模型的缩写。DICE 模型是这个领域一系列模型的最新版本。这个模型把影响经济增长、二氧化碳排放、碳循环、气候变化、气候危害以及气候变化政策的因素结合在一起。模型的方程式来自经济学、生态学以及地球科学的不同原理，然后用数学上最优的软件运算，从而预测经济和环境结果。

DICE 模型关于气候变化经济学的观点来自经济增长理论的观点。按这种方法，经济体进行对资本、教育和技术的投资，为了增加未来的消费而减少了今天的消费。DICE 模型通过把气候系统的"自然资本"作为一种增加的资本存量类型包括在内而扩展了这种方法。通过把产量用于通过减排的自然资本投资，减少今天的消费，经济体防止了经济上有害的气候变化，从而增加了未来消费的可能性。在模型中，根据它们对不同代人经济福祉（或者更准确地说，消费）的贡献来评价不同政策。

DICE 模型把某些变量作为既定的或假设的。对世界上每一个主要地区，这些变量包括人口、化石燃料存量以及技术变化的速度。大多数重要的变量是内生的，或者由模型引起的。内生变量包括世界的产量和资本存量、二氧化碳排放与浓度、全球温度变化，以及气候的危害。根据所研究的政策，模型也得出了根据减排或碳税的政策反应（以后会进一步讨论）。DICE 模型的一个缺点是，与大多数其他一体化评估模型一样，技术变化是外生的，而不是产生于对变化的市场力量的反应。

DICE 模型像一座冰山。可以看见的部分包括了少量代表产量、排放、气候变化与经济影响的数学方程式。因此可以说，表面下面的这些方程式取决于自然与社会科学专家们对各个组成部分的数以百计的研究。

与其他领域一样，气候变化领域中好的模型编制要求模型的各个部分在其适用范围上的准确性。DICE 模型包括了理解在未来几十年中气候变化要求的每一个主要组成部分的代表。每一个组成部分都是根据那个领域研究得出的次模型。例如，气候模块用了最先进技术水平气候模型的结果来预测作为温室气体排放函数的气候变化。影响模块根据气候变化影响的许多研究得出。DICE 模型所用的次模型不能得出由大型专业化模型得出的地区、行业和时间的细节。但小的次模型也有优点，这就是，在努力准确地代表知识的现状时，它们可以轻松地模型化。最重要的是，它们充分简化，因此可以结合进把所有主要组成部分联系起来的一体化模型中。

对于大多数 DICE 模型的次模型来说，例如涉及气候或排放的次模型，存在多种方法，而且有时也存在激烈的争论。在所有情况下，我们采用了对适当模型、参数或增长率的科学共识。在一些情况下，例如全球中值温度对空气中二氧化碳加倍的长期反应，有长期估算的历史与不确定性的分析。在另一些领域，例如气候变化对经济的影响，人们对中心趋势与不确定性的了解相当不充分，而且我们对这些假设也没什么信心。例如，未来气候变化对低概率但有潜在灾难性事件的影响，如格陵兰岛和南极洲冰帽的融化以及所引起的几米海平面上升，我们并不完全了解。这些不确定性的数量与政策含义将在这个概览结束时讨论。

使用像 DICE 模型这样的一体化评估模型的主要优点是可以在一个一致的框架内回答气候变化的问题。联系经济增长、温室气体排放、碳循环、气候系统、影响与危害以及可能的政策的关系是极为复杂的。要考虑系统中一部分的变化如何影响系统中的其他部分是极为困难的。例如，更高的经济增长对排放和温度轨道的影响是什么？更高的化石燃料价格对气候变化的影响是什么？《京都议定书》或者碳税会如何影响排放、气候和经济？像 DICE 模型这样的一体化评估模型的目的并不是对这些问题提供确定无疑的答案，因为在许多关系的内在不确定性的情况下，不可能有确定无疑的答案。确切些说，这些模型努力确保答案至少是内在一致的，而且尽量提供不同力量与政策影响的一种最先进水平的描述。

贴现率

在分析中起着重要作用的一个经济学概念是贴现率。在选择减排可供选择的轨道时，我们需要把未来的成本转变为现值。通过运用对未来物品的贴现率，我们把现在与未来物品转化为一种共同货币。贴现率一般是正的，但在经济衰退和萧条的情况下，它会是负的。还要注意贴现率是作为一组物品的真实贴现率并减去通货膨胀来计算的。

一般来说，我们可以认为贴现率是资本投资的收益率。我们可以通过把我们一种物品的经济从玉米变为树来说明这个概念。明天的树（明天的消费）与今天的树（消费）有不同的"价格"，因为通过生产我们可以把今天的树变为明天的树。例如，如果树以每年 5% 的比率无成本地生长，那么从估值的角度来看，一年后 105 棵树在经济上就等于今天的 100 棵树。这就是说，今天的 100 棵树就等于用 1 + 0.05 贴现的明天的 105 棵树。因此，为了比较不同的政策，我们要用每一种政策的消费流量并运用适当的贴现率。然后我们加总每个时期的贴现的价值就得出了总现值。根据经济方法，如果在政策 A 之下一种消费流量高于政策 B 下的现值，那么 A 政策就是更好的政策。

选择合适的贴现率对气候变化政策特别重要，因为大部分影响是在遥远的未来发生的。DICE 模型中的方法是把估算的资本市场收益作为贴现率。在模型中估算的贴现率在下个世纪每年平均为 4%。这就意味着，在一个世纪中，价值 1000 美元的气候危害在今天价值 20 美元。尽管 20 美元可以看作是一个极小的量，但它反映了对资本生产率的观察。换句话来说，贴现率高反映了一个事实，即减少未来对玉米和树的气候危害应该与获得更好的种子、改进的设备和其他高收益投资相竞争。贴现率越高，对未来的危害越小，而且我们今天的减排也少；贴现率越低，对未来的危害越大，而且我们今天的减排也多。在考虑长期贴现时，请记住当按 4% 的真实利率投资时，1626 年购买曼哈顿岛用的资金是24 美元；而这在今天将给你带来曼哈顿岛整个价值无限的土地。

碳排放价格与碳税

气候变化经济学另一个关键概念是"碳价格"，或者更准确地说是加在二氧化碳排放上的价格。碳价格的一种形式是"碳的社会成本"，它衡量碳排放的成本。更为准确地说，这是现在与未来增加一吨碳排放增加的经济危害的现值。根据我们一组标准的假设，我们估算出，今天没有排放限制时碳的社会成本，以今天的价格计算，每吨碳接近 30 美元。因此，在之前讨论的汽车的例子里，驾驶一万公里的社会总成本或者贴现的损失就是 30 美元，而一个普通美国家庭所用的燃煤发电的社会总成本是每年 90 美元。美国所有二氧化碳排放的每年人均社会成本就是每人 150 美元左右（5 吨碳 × 每吨 30 美元）。从经济的角度看，二氧化碳排放是一种"外部性"，这就意味着驾驶员或家庭把这些成本加在今天和未来的世界其他人身上，而不支付这些排放的成本。

在排放受到限制的情况下，把"碳价格"作为市场信号是有用的。这代表那些使用化石燃料从而引起二氧化碳排放的人应该支付的市场价格或罚款。碳价格可以通过"碳税"来实现，根据购买的碳含量来征收，就像汽油税或香烟税一样。这里的单位是每吨碳或二氧化碳的 2005 年的美元价格（由于重量不同，将每吨碳的美元折算为每吨二氧化碳的美元时应乘 3.67）。例如，如果一个国家希望每吨碳征收碳税 30 美元，这就引起每加仑汽油征收 9 美分左右的税。同样，对用煤发的电的税收就是每 kWh 一美分左右，即现在零售价格的 10%。按现在美国碳排放的水平，每吨碳的税收 30 美元就会产生每年 500 亿美元的收入。

另一种碳市场价格的情况出现在"封顶与交易"制度中。封顶与交易制度是今天全球变暖政策的标准设计，例如，在《京都议定书》或在加州的一个州政策建议中。根据这种方法，总排放由政府管制进行限制（封顶），而等于总量的排放许可证被配给给企业和其他实体或者拍卖。但允许拥有许可证的人把它们卖给其他人（交易）。

交易排放许可证是环境政策中一个伟大的创新。允许交易的好处是一些企业可以比另一些企业更经济地减少排放。如果一个企业减排的成本更高，这个企业向可以更便宜地进行减排的企业购买许可证就是有效率的。这种制度已广泛运用于环境许可证，而且目前在欧盟（EU）就用于二氧化碳排放。截至 2007 年夏季，欧盟的许可证以每吨二氧化碳 20 欧元左右的价格出售，相当于每吨碳 100 美元左右。

主要结果

本书首先分析了如果不进行大幅减排，未来可能的经济轨道和气候系统，我们称它为"基线情况"。我们的模型编制预测表明，二氧化碳的排放从 2005 年每年 74 亿吨继续迅速增加到 2100 年的每年 190 亿吨。模型预测的碳排放意味着，大气中二氧化碳的浓度从前工业时代的每百万 280 单位（ppm）迅速增加到 2005 年的 380 ppm 以及 2100 年的 685 ppm。

相对于 1900 年的水平，2005 年可衡量的中值全球表面温度增加了 0.7 ℃，而且 DICE 模型中预测，相对于 1900 年，2100 年的温度增加 3.1 ℃。尽管长远的未来要受到极大不确定性的限制，但 DICE 模型预测，到 2200 年温度基线增加相对于 1900 年极大，为 5.3 ℃。据估算在 2100 年，与这些温度变化相关的气候变化增加的危害为全球产量的近 3%，而在 2200 年到将近全球产量的 8%。

本书分析对全球变暖反应的广泛可供选择的政策范围。我们从我们称为"最优"经济反应的理想化政策开始。这是一种所有国家都加入的政策，以跨行业、跨国和跨时间的有效的方式减少温室气体排放。在有效政策背后的一般原则是，减少二氧化碳和其他温室气体的边际成本在每个区域和国家和地区都应该是相等的；此外，在降低气候变化的危害时，每一年的边际成本应该等于边际收益。

根据我们的估算，有效的减排遵循"政策斜坡"，在这种情况下，政策包括在近期内适当的减排率，随后是中期和长期的大幅度减排。我们估算，相对于基线的最优减排率是第一个政策时期15%，2050年增加到25%，而2100年增加到45%。这条路径减少了二氧化碳浓度，相对于1900年全球中值温度的增加，在2100年降至2.6 ℃，而在2200年为3.4 ℃。（注意，这些计算衡量相对于计算的基线或不控制排放方案的减排率。在大多数政策应用中，减排是相对于历史基线计算的，例如，对于《京都议定书》，是1990年的排放水平。再比如，当德国政府提出相对于1990年，2050年全球减排50%时，这代表相对于DICE模型计算的基线减少了80%，因为预测的基线在1990年到2050年时期中是增长的。）

有效的气候变化政策是相对便宜的，而且对长期气候变化有相当大的影响。最优政策净现值的全球收益相对于不控制是3万亿美元，包括2万亿美元减排成本和减少气候危害的5万亿美元。注意即使在采取最优政策之后，也仍然存在气候变化相当大的剩余危害，我们估算这种危害为17亿万美元。还有更多的气候危害没有消除，因为增加减排会使成本大于增加的危害减少的收益。

DICE模型一个重要的结论是估算出"最优碳价格"或"最优碳税"。这是能够平衡增加的碳减排成本与增加的减少气候危害收益的碳排放价格。我们计算出，经济上最优的碳价格或碳税应该是在2005年按2005年的价格为每吨27美元。（如果以小于3.67倍的二氧化碳的价格报价，则最优碳税是每吨二氧化碳7.40美元。）

我们已经考察了全球变暖政策的几种可供选择的方法。一组重要的可供选择政策是把气候限制增加到最优政策的成本—收益方法上。例如，这些方法可能会增加把大气中二氧化碳的浓度限于其工业化之前水平两倍时的限制。此外，也可能会把全球温度增加限于 2.5 ℃。我们发现，对大多数气候限制的情况下，政策的净值接近于最优情况。而且，除了在极其严格的情况下，适用于气候限制的近期碳税接近于经济最优值。例如，2005 年与二氧化碳加倍和 2.5 ℃增加相关的碳价格分别是每吨碳 29 美元与 31 美元，而没有气候限制时纯粹最优的价格为每吨 27 美元。

本书也说明了，最优碳价格的轨道在未来几十年中应该迅速上升，以反映增加的危害以及日益收紧限制的需要。这是碳价格的政策斜坡。最优价格应该按真实价格每年以 2%—3% 的比率一直稳定地上升，以反映气候变化引起的增加的危害。按最优轨道，碳价格应该从第一时期每吨碳 27 美元上升到 2050 年的每吨碳 90 美元，以及 2100 年每吨碳 200 美元。

碳价格的上限应该由所有化石燃料的使用可以经济地由其他技术代替的价格来决定。我们称这种水平为支柱技术的成本。我们估算，上限在下半个世纪左右将在每吨碳 1000 美元左右，但超过这个时期，对技术选择的预期是极为困难的。

应该强调的是，这些价格是基于现在的科学与经济知识的最好的估算，而且应该根据新的科学信息来调整。还要注意，根据价格轨迹，化石燃料的长期价格将会有一个实质性的上升。对于煤，每吨 200 美元的碳税会引起煤价格增加 200%—400%，具体幅度取决于国家，而对于石油价格，相对于每桶 60 美元的价格会上升 30% 左右。这种化石燃料价格大幅度的上升必然减少它们的使用，从而减少排放。因此碳税在激励用低碳或零碳代替能源来源的研究、开发与投资中起了一种重要作用。

有效政策的重要性

本书的结果强调的一点是设计成本—效率政策，并避免无效政策的重要性。"成本—效率"这个术语指以最低成本达到既定目标的方法。例如，可以确定全球温度增加 2.5 ℃是可以安全地避免发生危险的反馈效应的最大值。经济方法是指找到以经济最低成本达到这个目的方法。

有时被称为"即地效率"的一个必要条件是保持各区域与各国之间减排的边际成本相等。实现这一点唯一现实的途径是通过实行适用于每个地方的协调一致的碳价格，既不免除或有利于一些区域，也不排除一些国家。价格协调一致的一种方法是统一征收碳税。第二种方法是封顶与交易制度（或者有效地把多国封顶与交易制度联系在一起），在这种情况下，所有国家与区域都参与，而且所有排放都可以进行交易。

效率的第二个必要条件是"即时效率"，这就要求要有效地设计减排的时间。正如之前说明的，我们估算出，即时效率的碳价格应该按真实价格每年增加 2%—3%。估算即时效率比估算即地效率要困难得多，因为即时效率取决于贴现率和碳循环的动态与气候系统，以及气候变化引起的经济危害。

所有实施的政策迄今为止仍没有通过即地和即时效率的检验。本书的分析及一些早期研究表明，现在的《京都议定书》在其环境合理性上有严重漏洞，是低效甚至可能是无效的设计。例如，在现在的《京都议定书》中，各国之间的碳价格是不同的，范围从欧洲的较高到美国与发展中国家的零。而且，在所包括的国家之内，政策对一些区域比另一些区域更有利，并且没有任何机制可以确保随着时间的推移一直进行有效的配置。我们估计，没有美国参与的现在的《京都议定书》是极其脆弱并且不完善的。在减少气候危害方面，它的效率只有最优政策的 0.02 倍，而且仍然会产生极大的减排成本。即使美国参加了现在的《京都议定书》，这种方法也只会对减缓全球变暖作出微不足道的贡献，而且效率低下。

我们也分析了一些"雄心勃勃"的政策，例如，德国政府在 2007 年提出的政策，阿尔·戈尔的建议，以及《斯特恩报告》(斯特恩，2007 年）中提出的建议。例如，2007 年戈尔对美国的建议是，到 2050 年将二氧化碳的排放减少到低于现在水平的 90%，而 2007 年德国政府的建议是到 2050 年把全球二氧化碳的排放限制在 1990 年水平的 50%。这些建议与现在的《京都议定书》有不同的问题。它们的无效是因为它们在短期内要实现极大的减排。根据 DICE 模型，它们意味着在以后的二十年中碳税要上升到每吨碳300 美元左右，而且到 21 世纪中叶，每吨涨至 600 到 800 美元的范围内。回到我们之前的例子，700 美元的碳税将使美国烧煤的电力价格上涨 150% 左右，而且按照现在的二氧化碳排放水平，它就对美国经济开出了 1.2 万亿的税单。从经济的角度看，这种高碳税的成本远远高于达到既定气候目标所需要的成本。

我们模型编制的结果指出接近全员参与减少温室气体计划的重要性。由于减排成本的结构，在起初减排时边际成本极低，但在高减排时边际成本迅速增加，如果没有所有区域和国家的参与，成本就极高。我们的初步估算是，与 100% 的参与率相比，50%的参与率将引起 250% 的减排成本惩罚。即使有占世界排放量四分之三的前 15 个国家与地区的参与，我们估算，成本惩罚也将达到70% 左右。

我们已经确定了用低成本并对环境无害的燃料替代化石燃料将是高收益的。换句话说，低成本的支柱技术将有相当大的经济收益。我们估算，这种低成本零碳技术按现值的净值为 17 万亿美元左右，因为它使全球避免大部分气候变化引起的危害。现在还不存在这种技术，因此我们只能进行猜测。它可能是低成本的太阳能、地热能源、一些非传统的气候工程，或者转基因的吃碳树。尽管这些选择没有一项现在是可行的，但零碳替代净收益如此之高，有必要进行极为集中的研究。

提高碳价格的必要性

经济学包含了一个关于气候变化政策的难以忽视的真理：任何一种有效减缓全球变暖的政策，都必须提高碳的市场价格，这就会提高化石燃料和化石燃料产品的价格。价格可以通过限制碳排放许可证的数量（封顶与交易），或者通过对碳排放征税（或者像"气候危害收费"等一些委婉说法）来提高。经济学告诉我们，试图仅仅通过希望、信任、负责的公民精神、环境伦理或谴责来实现大幅减排是不现实的。对有几百万企业、几十亿人以及几十万亿美元支出的这样一个庞大地区产生重大而持久的影响的唯一方法，是提高碳排放的价格。

提高碳的价格可以达到四个目标。第一，它会向消费者发出什么物品与劳务是高碳的信号，从而提醒消费者应该更节约地使用它们。第二，它会向生产者发出什么投入是含碳多的（如煤与石油），什么是少碳或无碳的（如天然气或核能）信号，从而引导企业用替代的低碳投入。第三，它将激励发明者和创新者开发并引进可以取代当前技术的低碳产品和工艺。

第四，也是最重要的，高碳价格将节约达成上述三个目标所需要的信息。通过市场机制，高碳价格将根据其碳含量提高产品的价格。今天有道德感的消费者希望把自己的"碳痕迹"最小化，但却无法就相关碳使用进行准确的计算，比如计算出开250公里车与飞行250公里相关的碳使用量。而统一的碳税就会使商品价格与在生产该商品时涉及的所有生产阶段排放的二氧化碳量完全成正比。如果小麦生长、磨粉、运输和烘焙面包时碳的排放为 0.01 吨，那么每吨碳 30 美元的税就会使面包的价格上升 0.30 美元。"碳痕迹"由价格体系自动计算。消费者现在不知道有多少价格是由于碳排放，但当他们支付了他们碳痕迹的社会成本时，他们就可以清楚地做出自己的决策。

由于在政治上税收不受欢迎，就有了补贴"清洁"或"绿色"技术来替代提高碳排放价格的方法。这是一个需要避免的经济与环境陷阱。根本问题是有太多的清洁活动需要补贴。实际上从市场上的自行车到非市场的步行的每一件事相对于开车都是低碳的，根本没有充分的资源去补贴所有低排放活动。即使资源可用，对某种活动的适当补贴计算是一个极为复杂的任务。另一个问题是，补贴的存在鼓励了一种混乱的利益争夺——一种环境形式的寻租活动。比如美国的乙醇补贴因把以前农业资料转向无效率的能源生产而变成一场经济噩梦，这是补贴中的一个失败的案例。在某种程度上，补贴是那些有责任通过减排清洁自身活动的人把财政负担转置于其他地方的一种尝试。最后，补贴还存在需要财政收益来支持的公共金融问题，这又加剧了税收体系的无效性。

在应对全球变暖中避免补贴的一般规律也有例外。通过政府提供资金或减免税收来补贴发明、创新与教育这类活动在经济上是合适的——这些活动是公共好事而不是公共坏事。例如，对研究与开发减免税收，以及政府为能源科学的基础研究提供资金是合理的补贴方法。但这些是燃烧化石燃料这类有害的活动的经济对立面。

一个人是不是严肃地关注解决全球变暖问题，可以通过听他（或她）对碳价格的看法而判断出来。假定你听一位公众人物雄辩地讲全球变暖的罪恶并提出，国家应该迅速采取行动减缓气候变化。假定一个人提出管制汽车燃料的效率，或者要求高效率的内燃机，或者补贴乙醇，或者提供对太阳能研究的支持——但没有涉及提高碳价格的建议。你应该得出结论，这些建议并不是真正严肃的，而且没有认识到关于如何减缓气候变化的中心经济信息。可以说，提高碳价格是解决全球变暖必要而且充分的步骤。其他充其量是浮夸的言辞，而且实际上会引起经济低效率。

碳税与价格类型方法的优点

如果一种有效的气候变化政策要求提高碳排放的市场价格，那么有两种可供选择的方法。第一种是碳税这样的价格类型方法，第二种是像封顶与交易制度这样的数量类型方法，在《京都议定书》和大多数其他政策建议中体现了这种方法。

这里有必要说明一种国际上可供选择的价格类型制度，即"协调一致的碳税"。根据这种方法，所有国家都同意按一种国际上协调一致的碳价格或碳税惩罚所有区域的碳排放。碳价格取决于把温室气体浓度或温度变化限于某个水平之下所计算出的必要

价格，这个水平被认为是引爆对气候系统"危险的干预"的水平
（这是在《联合国气候变化框架公约》中用作国际气候政策目标的
术语）。此外，它也是引起估算的"最优"控制水平的价格。本书
的结果表明，正如之前所说的，现在每吨碳的税为 27 美元左右，
按真实价格每年上升 2% 到 3% 之间。由于碳价格在各国与各区域
间是相等的，这种方法满足了即地效率。如果碳税轨道按适当的
比率增长，这就也满足了即时效率的规则。

　　我们可以考察两种制度的相对优点并得出结论，价格类型方
法有许多优点。碳税的一个优点是，它们可以更容易又更灵活地
把减排的经济成本和收益一体化。《京都议定书》中的数量类型方
法与最终环境或经济目标没有明显的联系，尽管最近有一些修改
与全球温度目标相联系，如 2007 年德国的建议。价格类型方法的
优点又被这个领域巨大的不确定性和科学知识的进展重点加强了。
在面对巨大的不确定性时，排放税更有效率，因为与成本相比，
收益是相对线性的。在排放目标方法之下，数量限制会引起碳市
场价格的剧烈波动，正如在欧盟对二氧化碳的封顶与交易制度中
所表现出来的。

　　此外，税收方法比配给数量的方法更容易使公众从限制中
得到收益，因此它可能被视为更公正，并可以尽可能减少对税收
制度造成的扭曲。由于税收增加了收益（而配给把收益给予接受
者），所以公共收入可以用于缓解对低收入家庭的经济影响，为必
要的低碳能源研究提供资金，以及帮助穷国摆脱高碳燃料。税收

方法也比数量限制减少了腐败以及金融诈骗的风险，因为价格类型的方法没有创造鼓励寻租行为的人为条件。

应该注意的是，最近《京都议定书》的成员们讨论建议拍卖部分或全部排放许可证。这是一个重要的创新，因为拍卖增加了收入，从而可以对碳税的税收效率产生有利的影响。而且，在税收制度中有巨大免税诱惑，从而减少了它们的环境完整性与成本—效率，而且在一个国家内数量制度的成功更全面。这里主要强调的观点是，无论采用数量的或以税收为基础的方法，公众都应该通过税收或拍卖获得收益，而且应该有绝对最低限度的免税额。

碳税有明显的缺点，即不能将世界经济引向一个特定的气候目标，诸如二氧化碳浓度或全球温度限制。人们会担忧缺乏量化排放限制，以确保全球仍然处于对气候系统"危险干预"的安全地带。但数量限制的优点也许是错觉。我们现在并不知道什么样的排放水平实际上会引起危险的干预，或者是否产生了危险干预。我们会犯大错，比如执行太刚性且代价高昂的，或者太放松的数量限制。换句话说，无论我们确定的最初目标是什么，都可能根据税收或数量被证明是不正确的。主要问题是，对设置错误的协调碳税或排放限制进行定期的重大调整是否容易。

我们的结论是，应该更加重视在气候变化政策中包括价格类型特点，而不是仅仅依靠像封顶与交易制度这样的数量类型方法。这两者之间的混合制度，称为"封顶与税收"制度，在这种制度中，数量限制由设定了防止碳价格过高的安全值的碳税所支持。

一个混合制度的例子是，最初碳税为每吨 30 美元，并规定企业以每吨碳 45 美元的惩罚性价格购买额外许可证的封顶与交易制度。

对坏事而非好事征税

关于税收的讨论有时犯的基本错误就是不能区分不同种类的税收。一些人反对征收碳税，因为他们认为税收会导致经济效率低下。这种分析对于向消费、劳动和储蓄这类"好事"征税一般是正确的，但对于向二氧化碳排放这样的"坏事"征税并不正确。

对劳动征收税收改变了人们工作多少以及什么时候退休的决策，而且这些改变对经济造成了高代价的影响。对二氧化碳排放这类坏事征税正好相反；因为它们可以取消对有害和危险活动暗含的补贴。允许人们把二氧化碳自由地排入大气类似于允许人们在拥挤的房间吸烟或者把垃圾倾倒在国家公园。因此，碳税提高了效率，这是由于它们纠正了市场缺陷，当人们不考虑他们能源消费的外部效应时，这种缺陷就产生了。如果经济可以用对碳排放这样的有效税收来代替对食物和休闲这样好事的无效税收，经济效率就会有显著的改善。

两个警示性说明

我们用两个警示性说明来结束。第一，重要的是要认识到，本书只代表了如何应对气候变化的一种看法。这是一种有限的看法，因为它用经济学来考察可供选择的方法，而且它还有狭隘性，因为它是一个存在盲区、认识力有限的个人观点，而且偏重于个人的研究。通过许多其他看法也可以分析减缓全球变暖的方法。这些看法在规范的假设、估算的行为结构、科学数据和模型编制、总体水平、对待不确定性，以及原则背景上都不同。没有一个明智的决策者会仅仅根据一个模型、一组计算机程序、一个观点，或者一个国家的、伦理的或约束的看法来决策全球的未来。明智决策的做出需要一组可靠的可供选择的方案与灵巧的分析。但这是委员会或专门委员会的作用，而不是个别学者的作用。

第二是关于深层次的不确定性的，这涉及编制全球变暖模型的每一个阶段。我们不能确定未来一个世纪和以后产量的增长，未来几十年中能源系统的发展，替代碳燃料或碳消除技术的技术变化速度，气候对温室气体浓度上升的反应，而且也许最不能确定的是经济与生态系统对变化中气候的反应。

本书采用的对不确定性进行处理的标准经济学方法称为预期效用模型，它依赖于主观或判断性概率。这种方法用关于主要变量当前可知的与不确定性的信息，来确定不确定性的存在如何改变我们的最优估计政策（"最好猜测"是根据我们的模型关于模型参数中值或预期值的缩写）。这种方法假设，不存在会摧毁人类这个物种或破坏人类文明结构的真正的灾难性结果。估算潜在灾难性结果的可能性并应对，是自然与社会科学研究一个持续重要的课题。

根据预期的效用模型，本书中不确定分析的一个发现是，最好猜测政策是充分接近预期值政策的。对于未来不确定因素，没有经验依据来支付超过平均值的主要风险贴水（根据上一段中灾难性结果的警示）。

同时我们必须强调，根据我们对不确定性的分析，我们对2050年后的预测缺乏信心。例如，在我们不确定性的分析中，根据各种参数和系统科学与经济的不确定性，我们对各种变量的预测有"双倍标准差"的失误范围（双倍标准差失误范围是我们相信真实情况在68%的可信范围之内）。我们的估算是，2100年全球平均温度增加范围是1.9 ℃到4.1 ℃。在基线预测中对碳的现在社会成本的类似计算范围在每吨碳10美元与41美元之间。这些普遍的不确定性是应对气候变化最困难的特点之一。

本书的中心思想是简单的：全球变暖是一个无法自我解决的严重问题。各国应该采取合作的措施来减缓全球变暖。没有理由拖延。最有成果而且最有效的方法是各国给温室气体排放，主要是由燃烧化石燃料引起的二氧化碳排放制定一个协调统一的价格——也许是一个较高的价格。虽然其他措施也会有效地支持这项政策，但给碳设定一个接近一致的价格或税收价格是减少未来全球变暖威胁所必要的，甚至是充分的条件。

第2章 |
DICE 模型的背景与说明

全球变暖的一般背景

在进入模型编制的细节之前，根据 IPCC 的《气候变化 2007
年：物理学基础》(IPCC 2007b) 简述一下有关全球变暖的科学基
础是有用的。由于空气中温室气体（GHG）的积累，可以预见，
在未来几十年和以后会出现重大的气候变化。主要的工业温室气
体是二氧化碳（CO_2）、甲烷、臭氧、一氧化二氮以及含氯氟烃
（CFCs）。

最重要的温室气体是二氧化碳，在近几十年中它的排放迅速
上升。2005 年大气中二氧化碳的浓度是每百万分之 380（ppm），
远远超过去 65 万年间的范围（估计是在 180 到 300 ppm 之间）。
根据气候模型现在的计算是二氧化碳的量翻了一番，或者与前工
业化时代处于均衡的水平相比碳的当量翻了一番，这引起全球表
面温度增加 2 ℃到 4.5 ℃，而最佳估算值是 3 ℃左右。IPCC 用一
套模型与排放方案得出 21 世纪温度变动的范围在 1.8 ℃和 4.0 ℃

之间。其他预测的影响是降雨和蒸发的增加，台风这类极端事件的增加，以及在这个世纪期间，海平面上升 0.2 到 0.6 米。一些模型还预测了区域变化，如像美国中西部这样的大陆中部地区越来越炎热与干旱的气候。气候监测表明，实际全球变暖与科学预测一致。[1]

虽然科学家分析了半个多世纪以来的全球变暖，但各国大约在 15 年前才根据联合国全球变暖框架公约采取了减缓全球变暖的初步正式步骤。第一份约束性气候变化国际协议，即《京都议定书》，已在 2005 年生效，2008—2012 年是第一个减排期。实施《京都议定书》的框架已经在欧盟的排放交易计划（EUETS；欧洲委员会，2006 年）中最扎实地构建起来了，涵盖了欧洲近一半的二氧化碳排放量。[2]

尽管它成功地实施了，但《京都议定书》被广泛认为是一种麻烦的制度。早期的问题是协议没有包括主要的发展中国家，缺乏一个包括新国家的商定机制，以及只限于一个时期。当美国在 2001 年退出这个条约时，重大的漏洞就出现了。尽管 1990 年世界上排放的 66% 包括在最初的协定中，但由于美国撤出和没有包括在内的世界主要发展中国家强劲的经济增长，2002 年这一数字下

---

[1]　关于这个题目扩展的讨论包含在 IPCC 的报告中，特别是 IPCC 2007b。

[2]　参看欧洲委员会 2006 和 Klepner 和 Peterson，2005，关于结构和影响的分析，参看 Ellerman 和 Buchner，2007，Convery 和 Redmond 2007，以及 Kruger，Oates 和 Pizer，2007。

降到 32%。可以观察到严格实施《京都议定书》的主要在 EUETS 所包括的国家和行业，而它们的排放今天只占全球总量的 8% 左右。如果将现在的《京都议定书》在现有排放水平上延伸下去，模型预测，它对全球气候变化的影响微不足道。[1]

各国现在开始考虑在 2008—2012 年以后的时期中气候变化政策的结构。一些国家、州、城市、公司，甚至大学都采取了它们自己的气候变化政策。美国各州采用的或美国联邦政府考虑的大多数全球变暖政策包括了排放限制和技术标准的某种混合。《京都议定书》是应对这个长期问题适用的长期方法吗？有可以减缓全球变暖更有效的可供选择的方法吗？可供选择的方法的成本与收益是什么？在本书中我将探讨这些问题。

DICE-2007 模型中的经济部分

下面我们转向 DICE-2007 模型的语言表述，此后我们会提供详细的方程式。[2]DICE 模型从新古典经济增长理论来看气候变化经济学。按这种方法，经济体进行对资本、教育和技术的投资，从而为了增加未来的消费而放弃今天的消费。DICE 模型通过把气

---

[1]　这是 Nordhaus 和 Boyer 1999 年早期研究的预测。Nordhaus 2001，Manne 和 Richels，1999，以及 MacCracken，编 1999。正如第 5 章中讨论的，同样的基本结果在本书中得到了证实。

[2]　出于参考的目的，这个研究用了 DICE-2007，delta，第 8 版。回顾细节的来源和方法的文献可以在 http://www.econ.yale.edu/~nordhaus/homepage/DICE2007.htm. 上得到。

候系统的"自然资本"作为一种增加的资本存量类型包括在内而
扩展了这种方法。换句话说，我们可以把温室气体浓度作为负的
自然资本，并把减排作为增加自然资本量的投资。通过把产量用
于减排，经济就减少了今天的消费，但防止了经济上有害的气候
变化，从而增加了未来消费的可能性。

　　DICE 模型是一个把不同国家加总到一个产量水平、资本存
量、技术和排放的全球模型。全球总量的估算建立在包括主要国
家的数据上，而且规定考虑到有差别的反应与技术增长。与杨自
力（Zili Yang）合作的平行研究致力于 DICE 模型的多地区版本，
即 RICE 模型（气候与经济的地区一体化模型）。DICE 模型的优点
是，可以合理准确地抓住基本趋势与权衡交替，而且基本模型透
明得多，研究者容易改进。

　　在 DICE 模型中，假定世界可以完全定义为一组用"社会福
利函数"代表的偏好，可以对不同的消费路径排序。按每一代人
的人均消费，社会福利函数一直在增加，消费的边际效用在递减。
一代人人均消费的重要性取决于人口规模。不同代人的相对重要
性受两种中心的规范参数影响：纯时间偏好率以及消费边际效用
的弹性（简称"消费弹性"）。这两个参数相互作用决定对物品的
贴现率，这是代际经济选择的关键。在模型编制中，我们确定的
参数与所观察到的由利率和资本收益率反映的经济结果一致。

　　消费路径受经济与地球物理关系的限制。在模型中经济有两
个主要决定变量：物质资本的整个储蓄率以及温室气体的排放控

制率。

我们从标准的新古典资本积累决策开始，然后考虑地球物理限制。假设只有一种商品，既可以用于消费也可以用于投资。可以把消费作为广义的，不仅包括食物和住房，而且还包括非市场的环境舒适与服务。赋予每个地区初始的资本和劳动存量以及初始的地区特有的技术水平。人口增长和技术变化是地区特有的和外生的，而资本积累由一段时期中最优的消费流量决定。地区产量和资本存量用购买力平价汇率（PPP）加总。

根据柯布—道格拉斯生产函数，产量用资本、劳动和能源生产出来。能源既可以采用碳基础燃料（例如煤）的形式，也可以用非碳基础技术（例如太阳能或地热能源或核能）的形式。技术变化采用了两种形式：经济范围的技术变化以及节约碳的技术变化。节约碳的技术变化在模型中作为二氧化碳排放与产量比率的下降。在 DICE 模型的现在这一版中，这两种技术变化的形式都是外生的，这是一种严重的局限性，特别是对节约碳的技术变化而言，因为改变碳价格可以引起新能源技术的研究与开发。但是，引起技术变化的可靠模型编制被证明是极其困难的，而且到现在为止，对已经形成的 DICE 类型模型没有可靠的模型编制的详细说明。

碳燃料有供给限制。随着以碳为基础的燃料变得越来越昂贵，用非碳燃料代替碳燃料一直在进行，无论是由于资源枯竭，还是因为所采取的政策限制碳排放。这一轮 DICE 模型的新特点之一是，明确包括非碳能源的支柱技术。这种技术可以完全替代所有碳燃料，价格相对较高，但会随着时间的推移而下降。

地球物理学部分

DICE 模型主要有差别的特点是包括了把经济与影响气候变化的不同因素联系在一起的一些地球物理关系。这些关系包括碳循环、辐射强迫方程式、气候变化方程式，以及气候危害关系。

在 DICE-2007 模型中，唯一要服从于控制的温室气体是工业二氧化碳。这反映了一个观点，二氧化碳是全球变暖的主要引起者，而其他温室气体可以用不同方法进行控制（含氢氟烃是一个有用的例子）。其他温室气体作为一种外在趋势包括在辐射强迫中；这些主要包括从土地使用变化中二氧化碳的排放，其他完全混合的温室气体以及气溶胶。

预测二氧化碳排放是总产量、随时间变动的排放—产量比率和排放控制率的函数。估算各个地区的排放—产量比率，然后加总全球比率。排放—控制率由所考察的气候变化政策决定。用一个对数线性函数作为减排成本的参数，它可以根据减排成本的最近研究校准。

碳循环根据现有碳循环模型和历史数据校准的三个储存地模型。我们假设，有三个碳的储存地：大气，海洋上层与生物圈迅速混合的储存地，以及深海。碳在邻近储存地之间双向流动。在深海和其他储存地的混合特别缓慢。

气候方程式是一种包括一个辐射强迫方程和两个气候系统方程式的简化代表。辐射强迫方程计算温室气体积累对全球辐射平衡的影响。气候方程式计算全球的中值表面温度以及每一个时间步伐深海的平均温度。这些方程式根据大气和海洋系统大规模一般循环模型，并对其进行校准。这些方程式的结构与早期 DICE 模型相比并没有重大变化，尽管参数更新了，而且时间也精确了。

最后的问题涉及气候变化的经济影响，在气候变化经济学中这是一个最棘手的问题。为了在有成本的减排与气候危害之间做出适当平衡的明智决策，经济影响的估算是必不可少的。但是，对长期气候变化的危害提供可靠估算已证明是极其困难的。本书依靠来自早期的危害综合估算，并根据最新的信息进行了更新。基本假设是，逐渐的和小的气候变化危害是适中的，但随着气候变化的程度，危害是非线性上升的。估算还假设，对穷国、小国和热带国家的危害会比对富国、大国和内陆国家大。

第 3 章 |

DICE-2007 模型方程式的推导

　　本章提出 DICE-2007 模型的数学结构。我们从目标函数开始，然后提出经济关系，并以地球物理方程式结束。从最新一代 RICE-DICE 模型以来，主要的变动在本章最后一部分说明。DICE-2007 模型的方程式在附录中列出。在我们进行讨论时，我们将参考附录的方程式。

　　在开始这种技术性说明之前，我们应该注意，在里程碑似的 IPCC 第四份评估报告发表之前，我们的研究主要是根据 IPCC 的第三份评估报告进行的。一些模型编制也得到了"对决策者的概览"（IPCC 2007a）的信息，在终稿起草之前，也查阅了关于科学的完整报告（IPCC 2007b）。终稿并没有得到关于影响与缓解的完整报告。

目标函数

DICE 模型假设，设计的经济与气候政策应该使消费流量一直最优化。消费应该解释为"一般化的消费"，它不仅包括食物和住房这类传统的市场物品与劳务，而且还包括休闲、健康状态和环境服务这样的非市场项目。

这种假设的数学表述是所选择的政策要使社会福利函数最大化，社会福利函数是人口加权的人均消费效用的贴现总和。方程式（A.1）是目标函数的数学表述。它代表的是现代最优经济增长理论中的标准目标函数。

一些进一步假设构成这种目标函数选择的基础。第一，它包括了消费价值或"效用"的一个特定代表。方程式（A.3）表明，每个时期的效用是一个人均消费的等弹性函数。这个形式假设消费边际效用的不变弹性，α。正如后文讨论的，我们结合纯时间偏好率来校准 α。第二，这个规定假设，在一个时期中消费的价值与人口同比例。第三，正如方程式（A.2）中定义的，这种方法运用了对未来几代经济福利的贴现。按这个规定，我们把纯社会时间偏好率确定为 ρ，作为提供不同代人效用福利加权数的贴现率。正如在下一节中解释的，这个规定不同于早期 DICE-RICE 模型中的规定。

对 DICE 模型中均衡的解释我们应该增加一个说明。我们划定了基线或没有控制的情况，从概念的角度，这可以代表市场和政策因素在它们现在存在的情况时的结果。换句话说，基线模型试图从实证的角度预测当不存在气候变化政策时，主要经济与环境变量的水平与增长。用术语来说，基线时的价格和收入应该解释为"根岸尧（Negishi）[1]价格与收入"，这是指它们是与竞争—市场均衡一致的价格和收入。这种分析并没有做出对现存状态空间与时间分配的社会愿望，就像海洋生物学家不会对海洋生物的饮食习惯的公平性做出道德判断一样。

从有效气候变化政策中世界福利的潜在进步的计算考察了不同地方与时间现存收入与投资范围内的潜在进步。可能有其他进步——在环境政策、在军事政策、在税收与转移项目，或者在国际援助计划——也会改善人类的状况，也许还多于我们考虑的政策。这里所研究的领域中的进步不能否认不公正、不平等或者其他领域或其他政策领域或范围的愚蠢，因此我们必须把本书的范围限于已经十分复杂的范围之内。

经济变量

下一组方程式决定世界产量随时间的演变。人口与劳动力是外生的。这些是简化的逻辑型方程式，在这些方程式中，第一个十年的人口增长是既定的，而且增长率在下降，以至于总人口接近85

---

[1]　日本经济学家，对一般均衡分析的存在、最优化、稳定性和二分法有贡献，这个价格与收入的概念由他提出，故以他的名字命名。（译者注）

亿的上限。这略低于联合国长期预测的中间估算值，但经过校对与国际应用系统分析研究所（IIASA）最近随机的预测一致[1]。

生产由修改的标准新古典生产函数所代表。基本的人口与产量估算用 12 个地区模型加总。产量用国际货币基金估算的购买力平价汇率来衡量。[2] 用局部收敛模型预测每个地区总产量，然后加总得出世界总产量。假设地区与全球生产函数在资本劳动和希克斯中性技术变动中是规模收益不变的柯布—道格拉斯生产函数。全球总量用以下方程式（A.4）来表示：

$$(A.4) \quad Q(t) = \Omega(t)[1 - \Lambda(t)] A(t) K(t)^{\gamma} L(t)^{1-\gamma}$$

在生产函数中增加的变量是 $\Omega(t)$ 和 $\Lambda(t)$，它们代表在方程式（A.5）和（A.6）中表示气候危害与减排成本。危害函数假设，危害与世界产量是同比例的，而且是全球中值温度变化的多元函数。总危害曲线依据 12 个地区的危害估算做出，包括假设的行业变动与不同产量的基本收入弹性。它包括对农业这样主要行业估算的危害、海平面上升的成本，对健康的不利影响和非市场危害，以及灾难性危害潜在成本的估算。[3] 显而易见，鉴于它依靠的经验研究微弱，这个方程式是极具推测性的。

---

[1] 联合国社会与经济事务部，2004，说明了联合国系列，而新的 IIASA 的预测是由 Lutz 作出的，2007。

[2] 国际货币基金，2006，我们对中国向下调整了 35%，以反映中国 PPP GDP 过高估算的可能性。

[3] 危害模型的基本说明在 Nordhaus 和 Boyer 2007 中。

减排成本方程式是一个简化类型的模型，在这个模型中，减排成本是减排率 $\mu(t)$ 的函数。减排成本函数假设，减排成本与全球产量是同比例的，而且是减排率的多元函数。估算的成本函数是高度凸出的，表明随着减排率上升，减排的边际成本从零上升，而不是线性的。

DICE-2007 模型的一个新特点是，它明确包括了支柱技术，这是一种可以取代所有化石燃料的技术。支柱技术可能是一种从大气中消除碳的技术或者一种通用的环境友好型零碳能源技术。它可能是太阳能，或者是以核能为基础的氢，或者是一些还没有发现的来源。假设支柱技术的价格开始时高，并随着节约碳的技术变化而一直下降。通过确定减排成本方程式（A.6）中的参数把支柱技术引入模型中，以便在控制率为 100% 时，减排的边际成本等于每年支柱技术的价格。[1]

以下三个方程，（A.7）到（A.9）是标准的核算方程式，它包括了消费、人均消费以及资本余额方程式的定义。经济领域最后两个方程式是排放方程式和碳燃料的来源限制。在方程式（A.10）中不受控制的工业二氧化碳排放是碳含量水平 $\sigma(t)$ 乘以世界产量得出的。实际的排放按以前说明的减排率 $\mu(t)$ 减少。碳含量作为外生的并由 12 个地区的排放估算确定，而减排率在不同的试

---

[1]　减排成本函数根据减排成本函数测量以及 MiniCam（Edmonds 2007）所作的估算校对。关于进一步的说明看本章后面。

验中是一个可控的变量。方程式（A.11）是一个碳燃料总资源的限制。DICE 模型假设，增加的开采成本是零，而且碳燃料一直由市场最优地分配，得出最优的霍特林租金。

地球物理方程式

以下方程式（A.12 到 A.18）把经济活动与温室气体排放到碳循环、辐射强迫以及气候变化联系在一起。这些关系提出了一个巨大的挑战，因为需要把内在复杂的动态简化到可用于一体化经济—地球物理模型的少数方程式。与经济学一样，地球物理关系的模型编制哲学是使用简洁的规范，以便理论上的模型是透明的，而且最优模型在经验上和计算上是容易处理的。

方程式（A.12）提供了经济活动与温室气体排放之间的关系。在 DICE-2007 模型中，只有工业二氧化碳的排放是内生的。其他温室气体（包括土地使用改变中产生的二氧化碳）都是外生的，是根据其他模型编制团队的研究来预测的。

碳循环根据现有的碳循环模型校对的三个储存地模型来代表，类似于 DICE/RICE 1999 的处理。碳有三个储存地：大气、在海洋上层和生物圈迅速混合的汇集，以及深海。从长期来看深海提供了虽然大但有限的碳沉没。假定这三个储存地的每一种在短期中充分混合，而假设在海洋上层储存地和深海之间混合是极其缓慢。方程式（A.13）到（A.15）是碳循环的方程式。自从上一次取消了滞后结构问题以来，我们已对这些方程式进行了修改。我们校对过的参数与温室气体引起气候变化评估模型（MAGICC）中的碳循环是一致的。[1]

下一步涉及温室气体积累与气候变化之间的关系。这些方程式用的是和初始 DICE/RICE 模型同样的规定。气候模型编制者发展了用于估算温室气体上升对气候变量影响的各种方法。整体上看，现有的研究模型过于复杂，以至于无法包括经济模型，特别是一些用于最优化的模型。相反，我们用一个小型结构模型来捕捉温室气体浓度、辐射强迫和气候变化动态之间的基本关系。

温室气体的积累通过辐射强迫的增加引起地球表面变暖。温室气体积累和辐射强迫增加之间的关系是从经验衡量和方程式（A.16）中说明的气候模型中得出的。变暖的主要原因是二氧化碳，而余量是来自其他长期存在的温室气体，气溶胶、臭氧和其他因素的外生力量。DICE 模型把其他温室气体和影响组成部分作为外生的，是因为这些都是比较小的因素，或者它们的影响既是外生的（如氯氟烃）或者是了解不多的（正如云的反射效应）。我们根据早期 DICE 模型略微调整二氧化碳的影响参数，但这对结果的影响微不足道。

---

[1]　MAGICC，2007。根据 IPCC 报告的结果，2007b，第 809 页，有标准碳循环的 MAGICC 模型估算的温度敏感度略于大气海洋一般循环模型（AOGCMs）对所有 SRES 方案的中值。例如，对 A_2 方案，报告的 2090 年到 2099 年，全球温度增加相对于 1980 年到 1999 年平均比 MAGICC 对 AOGCMS 的中值高 0.2 ℃。但本书是不是完全相应于 IPCC 计算得到的软件，并不清楚。

　　下一组关系是气候模型。方程式（A.17）和（A.18）中的规定类似于初始 DICE/RICE 模型。高辐射强迫使大气层变暖，然后又使海洋上层变暖并逐渐使深海变暖。系统中的滞后主要是由不同层次中扩散的惯性引起的。我们略微改变了时间，以便与气候模型的刺激—反应函数一致。此外，我们调整了气候对均衡的二氧化碳加倍时 IPCC 3 ℃范围中心的敏感度。时间校正到匹配 IPCC 第三份与第四份评估报告的模型实验。此外，校正了参数，使辐射强迫引起与 MAGICC 模型模拟同样的 21 世纪温度轨道[1]。DICE 模型在估算的排放与辐射强迫既定的情况下会过高地预期历史温度变化，但从 IPCC 方案中得到了相同的预测，特别是在如 AIFI 以及 MAGICC 模拟的高排放方案中。

计算的考虑

　　DICE-2007 模型的计算用了 GAMs 模型编制系统中的 CONOPT 解法。[2] 这根据了一般化简化斜率（GRG）算法。基本方法是把一种线性规划算法嵌入一个把非线性方程线性化的算法之内。尽管这种算法并不能保证解是全球最优的，但多年经验告诉我们并没有这种算法得出的解以外的其他任何解。这里的模型

---

[1]　MAGICC 2007。关于校正的细节，参看《DICE-2007 模型开发相随的说明与文件》（Nordhaus，2007a）。

[2]　参看 Brooke 等，2005。

包括了 1263 个方程式和 1381 个变量。用一个 3.0 GH$_2$ 英特尔处理器，运算需要接近 30 秒。应该注意的是，DICE 问题是概念上的数学最优问题，而不是在自然科学中经常用的标准递归时间渐进问题；最优要求特殊的工具，并要用比一个类似规模问题递归计算长得多的时间。

自 DICE-1999 以来的修改

DICE-2007 模型是总量全球动态模型的第五代。对那些熟悉早期版本，特别是诺德豪斯 1994 版和诺德豪斯和波耶（Boyer）2000 版的人来说，这一节介绍主要修改。[1]

数据投入

所有的经济和地球物理数据都更新了，而且，新的第一时期集中在 2005 年。上一次模型的全面修改第一时期（诺德豪斯和波耶，2000）集中在 1995 年。现在修改的经济数据使用国际货币基金组织（IMF）从 2005 年以来有基本数据的主要经济总量的估算。能源数据来自世界银行和美国能源信息署（EIA）。二氧化碳排放来自 EIA 和二氧化碳信息分析中心。地球物理数据来自多个来源，主要包括戈达德空间研究院（Goddard Institute for Space Studies）

---

[1] 用来源与方法修改的细节包含在《DICE-2007 模型开发相随的说明与文件》中（Nordhaus 2007a）。

和哈德利中心（Hadley Centre）。修改结合了 IPCC 第四份评估报告的一些结果，以及 IPCC 第三份评估报告的全面修订版。关于二氧化碳排放的数据一般到 2004 年，有一些基本数据是 2005 年和 2006 年的。价格根据 2005 年美元更新。产量的概念基础从市场交换率变为购买力平价（PPP）汇率。[1]

地区总量与经济和排放预测

经济、排放和影响估算根据 12 个地区，然后加总得出用 PPP 汇率的全球总量。12 个地区是美国、欧盟、其他高收入国家，俄罗斯、东欧和非俄罗斯的前苏联、日本、中国、印度、中东、撒哈拉以南非洲、拉丁美洲和其他亚洲国家。每个地区的估算由 71 个最大国家的数据构成。这些国家占排放的 97%，世界产量的 94%，以及人口的 86%。对每个地区，我们预测到 10 年间的人口、产量、碳含量以及基线二氧化碳排放。然后我们加总得出每一年的全球总量。图 3-1 说明了五个重要地区以及全球总量历史上的排放—产量比率，表现出自 1960 年以来稳定的非碳化。

图 3-2 说明根据 DICE-2007 模型基线运算与 IPCC（IPCC 2000）提出的《关于排放方案特别报告》中的 SRES 方案的排放预测。DICE 模型预测所用的不同方法和最近数据（最新 IPCC 预测中用的 SRES 方案是在将近十年前形成的）是完全独立的。DICE

---

[1] 使用购买力平价对市场汇率涉及的问题的充分讨论包含在 Nordhaus 2007b 中。

的排放预测在 21 世纪中期之前指向 SRES 范围的低点，然后相对于低的 SRES 方案的较低处上升。

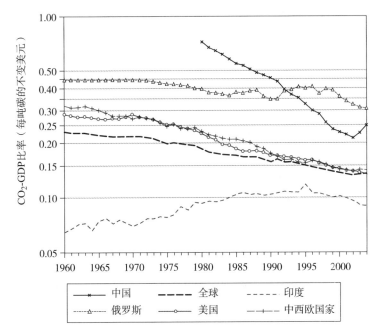

图 3-1 1960—2004 年主要地区和全球历史上二氧化碳排放与 GDP 的比率

五个主要地区与全球总量的二氧化碳排放与 GDP 比率的趋势。我们称这个比率的下降为"非碳化"。自从 1960 年以来，大多数主要经济体有重大的非碳化。随着地区产量构成的变化，自从 2000 年以来世界 CO_2-GDP 比率保持稳定。注意"W C Eur"是西欧与中欧，并包括几个有高 CO_2-GDP 比率的前中央计划国家。

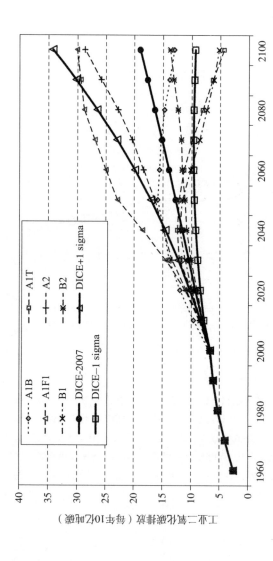

图 3-2 工业二氧化碳排放

DICE-2007 模型基线二氧化碳排放与为 IPCC 准备的主要 SRES 方案排放预测的比较。SRES 的来源是 IPCC 2000。深色的线是 DICE 模型高（中值加一个标准误差），中值以及低（中值减一个标准误差）预测。DICE 模型预测的不确定性范围在第 7 章中说明。范围在高（DICE+1 sigma）和低（DICE−1 sigma）预测之间据认为占可能结果分配的 68%。

社会福利函数

对早期的 DICE 模型一个主要担忧是其中较高的纯社会时间偏好率的假设（每年 3%）。正如以前讨论的，我们首先注意到经济参数的解释是，它们旨在提供最准确的预测，而不是在性质上是规范的。此外，早期假设也深受可供选择的规定的数字问题的影响，并要求校正的资本收益率与所观察到的市场数据一致。

在修改的版本中，我们把纯社会时间偏好率降低到每年 1.5%，并重新校准使效用函数与市场收益一致，得出消费的边际效用的弹性为 2。这种修改使模型更接近表示代际中性的数字，而保持模型资本收益率的校准符合经验估算。使用者应该认识到，修改的效用函数的剧烈的非线性会引起计算中重大的比例问题，从而会给数值求解带来困难，的确，在以前的版本中使用了单一弹性效用函数，因为在有较高弹性的早期 DICE 模型中，我们解决不了这些计算问题。

危害函数

地区危害函数的基本结构遵循了 RICE-1999 模型中所用的方法。主要修改包括重新校准灾难性危害的成本，改进对高温度变化地区的估算，并使用修改的低风险整体影响估算。一个结果是，对小的温度变化，我们估算存在正的危害，而在 1999 模型中小的温度变化的危害是负的（即有估算的正的净收益）。此外，用 PPP

估算产量远高于世界产量；因为危害一般被估算为产量的一小部分，在 2007 模型中，总危害也高多了。在 DICE 模型中，危害函数一直是模型编制不确定性的主要来源。图 3-3 说明，DICE-2007 模型与早期 RICE 模型的危害函数和 IPCC 第四份评估报告（IPCC a）中最新的结果之间的比较。

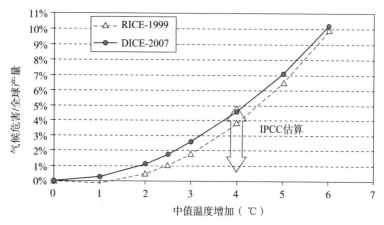

图 3-3　危害函数
DICE-2007 模型中用的危害函数与早期研究用的 RICE-1999 模型相比较。箭头表示 IPCC 2007a 估算的范围，它报告了"在变暖 4 ℃时全球中值损失可能是 GDP 的 1%—5%"（第 20 页）。

减排成本函数

减排成本函数的基本函数形式遵循了早期 DICE 模型中假设的结构。但结构在持续优化以纠正早期模型编制的错误。在 DICE 模型中隐含的规定是，存在"支柱技术"。正如以前提到的，这是一种可以以较高的成本代替所有碳排放过程的技术；也就是说，当排放控制率是100%时，就要采用支柱技术。以前的版本用了一个暗含的并错误假设的函数形式，即支柱技术的成本一直在增加。

新的版本通过将减排方程调整为明晰的支柱技术的价格与时间轮廓而重新定义了减排方程式。新减排成本函数的校准根据了最近模型编制工作，这些工作计算了深度减排的成本，IPCC 封存的特别报告（IPCC 2005）、IPCC 第四份评估报告，以及由杰·爱德蒙兹（Jae Edmonds）提供的模型编制估算。在新的模型中，支柱技术的成本从每吨碳 1200 美元开始，到 2100 年下降到每吨 950 美元。

支柱技术的成本相对于其他估算看来是高的，但应该注意的是，这是减少最后一单位碳排放的边际成本，并不是用烧煤发电这样较为便宜的来源的成本。用核能这样的燃料取代化石燃料是取代每吨碳 500 美元的支柱技术，但它可能只替代电力。换句话说，1200 美元反映了从高价值使用替代碳的成本，正如塑料或喷气燃料或者溶剂。虽然这种新规定在短期中几乎没有差别（可以说，对气候政策的战术而言），但从长期来看会有重大差别（对战略或愿景而言）。[1]

---

[1] 关于 IPCC 研究参看 IPCC 2001b。我感谢 Jeff Sachs 指出了这个问题，并感谢 Jae Edmonds 和 John Weyant 在校准新函数中的协助。

碳循环

DICE 模型的新版本并没有改变碳循环模型的基本结构，但它重新校准了初始的存量与流量参数。正如以前提到的，基本战略是使 DICE 模型与 MAGICC 模型一致，主要是与最接近于 AIFI 方案这样的 DICE 预期的排放方案一致。

出于参考目的，我们在表 3-1 中说明了 DICE 模型的浓度预测与来自 IPCC 第四份评估报告的一个模型对比（在完成了模型编制设计之后就可以得到）。该表说明了 IPCC 模型和 DICE 模型中仍然在大气中积累的二氧化碳浓度的比例。对于历史时期，DICE 模型是在模型的上端，大气中的存留率为 0.54，而相比之下，IPCC 模型整体是 0.45。但对总的时期，DICE 模型有一个略低的大气存留率 0.51，对应于 IPCC 模型中值的 0.55。在 DICE 模型中主要的

表 3-1　DICE 模型和 IPCC 模型中大气中二氧化碳存留率预测的比较

模　　型	存留在大气中积累的排放比率	
	1850—2000	1850—2100
IPCC FAR		
模型中值	0.45	0.55
范围	0.43—0.61	0.45—0.72
DICE-2007	0.54	0.51

说明：DICE-2007 模型和 IPCC 第四份评估报告（FAR）模型的估算表明了在 1850—2000 年和 1850—2100 年时期中存留在大气中的总大气二氧化碳排放的比例。排放轨道并不准确可比，因为 DICE 模型用基线排放，而 IPCC 用 SRES 方案 A2。IPCC 的来源是 IPCC 2007b，图 7.13。

遗漏是没有在更加完全的模型中一直引起低海洋吸收的海洋碳化学。应该注意到，与 DICE 模型的基线相比，SRES 考察的 A2 有比较平稳的排放。

气候模型和数据

在现在的 DICE 模型中，气候模型的基本结构没有大的修改。时间的改变缩短了从辐射强迫到温度变化的滞后。确定的参数略有修改，每当均衡二氧化碳当量加倍时，气候敏感度从 2.9 ℃ 到 3.0 ℃，这与 IPCC 的中心估算是一致的。此外，短期调整的参数也校准到适于一般循环模型和刺激—反应试验的估算，特别是与 MAGICC 模型中的辐射强迫和温度轮廓一致。非二氧化碳影响与非工业二氧化碳排放估算，根据最近的估算和 IPCC 第三份评估报告的发现进行了修改。

图 3-4 说明了校准的 DICE 模型与 MAGICC 模型之间的比较。由于技术原因，这两者都校准到 2.6 ℃温度敏感参数，但类似于 4.5 ℃温度敏感参数的结果。DICE 模型对同样排放路径的预测略低一点；在 21 世纪，DICE 模型结构预测增加 3.61 ℃，而 MAGICC 结构预测是增加 3.71 ℃。

不完全参与

早期的 DICE 版本假设，政策在不同地区之间是协调的，而且所有地区都参与其中。现在的版本引进了参与函数，也就是一

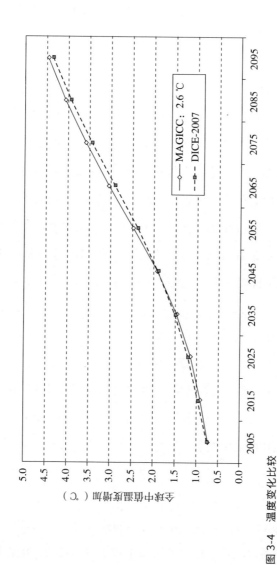

图 3-4 温度变化比较

DICE-2007 模型的 2.6 ℃温度敏感度与有同样温度敏感度的 MAGICC 项目温度轮廓之间的比较。MAGICC 2007 的软件引起 MAGICC 运算。运算用了 AIFI 二氧化碳排放和 MAGICC 运行中假设的非二氧化碳温室气体的辐射强迫。

部分国家有减排（以一种协调的方式），而另一部分国家没有减排的情况下模型可以运行。由于 DICE 模型中排放方程式的函数形式，我们可以得出不完全参与结果准确的数学代表。这种新的规定允许在一个总量模型的结构中，估算比如在《京都议定书》中出现的不同国家分组对预测所造成的影响。第 6 章说明了参与结构以及不完全参与的一些结果。

有限的化石燃料资源与霍特林租金

早期的 DICE 模型版本集中在短期预测和政策上（"短期"是到 2100 年）。在现在的版本中，由于增加了对长期气候预测、地球物理系统和生态系统的关注，模型编制更注意与主要地球物理模型和经济限制的长期一致性。一个主要变化是引进了长期化石燃料可获得性的限制。在新的模型中，经济上可得到的化石燃料总资源限制为 6 万亿吨碳当量（按现在的消费率接近 900 年）。这种限制产生了霍特林租金，在长期中霍特林租金上升会迫使消费转向支柱技术。虽然这些限制在短期（一个世纪以内）并不重要，但它们在经济迅速增长或者在碳减少技术低速变化的情况下会变得重要。

资本的真实收益

构成以资本为基础的模型的主要经济变量之一是资本的真实收益。我们用柯布—道格拉斯生产函数构造我们的模型，这个生产函数有用不间断的永续存货法得出的明确的不同地区资本存量估算。作为一种检验，我们可以对比 DICE 模型中的真实资本收益预测与各种研究的真实收益估算。表 3-2 说明了来自 IPCC 第二份评估报告的资产真实收益校准的结果。[1] 对美国，大多数可以充分

表 3-2　IPCC 第二份评估报告估算的各个时期和来源的资本真实收益

资　产	时　期	真实收益（%）
高收入工业国家		
股权	1960—1984（a）	5.40
债券	1960—1984（a）	1.60
非住房资本	1975—1990（b）	15.10
政府短期债券	1960—1990（c）	0.30
美国		
股权	1925—1992（a）	6.50
所有私人资本，税前	1963—1985（d）	5.70
公司资本，税后	1963—1985（e）	5.70
不动产	1960—1984（a）	5.50
农业土地	1947—1984（a）	5.50
国库券	1926—1986（c）	0.30
发展中国家		
初等教育	各时期（f）	26
高等教育	各时期（f）	13

来源：阿罗编，1996，字母指背景文件中提供的来源。

---

[1]　IPCC，1996.

衡量的部门估算的收益是 5% 左右，而其他国家和区域的数字有时高得多。在 DICE 模型中，估算的资本收益率在一个十年间的前 5 年是在 5% 到 6% 之间。这个问题的进一步讨论包含在第 9 章中。

主要的争论问题

尽管 DICE-2007 模型在许多领域中是极其简化的，它仍然是一个有争议的复杂非线性系统。模型有包括了 44 个重要参数的 19 个动态方程式（直接略去了世界人口、产量和全球中值表面温度异常这些初始状况）。一些参数是比较不相关的（如生产函数中的资本弹性）。另一些是核心的（如温度对二氧化碳加倍的敏感度或者全要素生产率的增长率）。此外，结构方程式是复杂的非线性空间与时间关系的不变总量，而且可能有误。在本节中，我讨论在所有一体化气候变化评估模型中出现的问题以及在 DICE-2007 中出现的三个主要问题：贴现率，不确定性以及模型的地区化。

贴现率

涉及贴现率的争论多年来一直是全球变暖模型和政策的中心。这些问题会在第 9 章关于《斯特恩报告》中详细讨论，这里我简单地总结几点。

关于增长经济学和贴现概念的一些背景是理解贴现问题所必要的。在减排可供选择的轨道中进行选择时，关键的经济变量是

资本的真实收益 r，它衡量资本、教育和技术投资的净收益。在原则上，这在市场上是可以观察到的。例如，过去四十年中美国公司资本的真实税前收益是每年 7% 左右。人力资本估算的真实收益是每年从 6% 到大于 20% 的范围之内，这取决于不同国家与时期（参看表 3-2）。资本的收益是确定今天的减排成本和未来减少气候危害收益之间有效平衡的贴现率。资本的高收益倾向于未来减排，而低收益倾向现在的减排。

资本的收益从哪里来？气候经济学的分析根据了最优经济增长理论的真实收益分析。在这个框架中，真实收益取决于两个观察不到的规范参数的内生变量。第一个是时间贴现率，用 ρ 来表示。时间贴现率是衡量相对于现代一代人未来几代人福祉重要性的参数。它像利率一样可以用每单位时间的百分比来计算，但指的是未来"效用"或福祉，而不是未来物品或美元的贴现。零时间偏现率意味着，未来几代人被系统地作为现在几代人；正的时间贴现率指，与近几代人比，未来几代人的福祉要减少或"贴现"。

资本的真实收益还取决于另一个看不到的规范参数：消费弹性，用 α 来表示。这个参数代表对不同代与代之间的不平等的厌恶程度。α 的低（高）值意味着，决策不太留意（很留意）未来比现在富裕还是贫穷。根据标准的最优增长理论，如果时间贴现低而且社会很少关注不平等，那么，它将为未来节约许多资金，而真实收益就低，相反，如果时间贴现率高，或者社会厌恶不平等，那么现在的储蓄率就低，而真实收益就高。

下面简单地说明基本经济学。首先假设一个时间贴现率 ρ 和一个消费弹性 α。其次，最大化以前讨论的社会福利函数以及在附录中用不变的人口与不变的每一代消费增长率 g^*。这就得出对资本均衡的真实收益 r^* 的标准方程式 $r^* = \rho + \alpha g^*$，即"拉姆赛方程式"，这是一个考虑代际投资决策，从而关于全球变暖政策选择的核心组织性概念。拉姆赛方程式说明，在福祉最优时，资本的收益率由时间贴现率、消费弹性以及消费增长率决定。在一个增长经济中，资本的高收益可能来自高时间贴现率，或可能来自对代际不平等的高厌恶。

DICE 模型背后的假设是，应该根据消费弹性选择时间贴现率，以便模型引起类似于实际真实贴现率的路径。我们选择的时间贴现率是每年 1.5%，消费弹性是 2%。在这对假设下，预测的上半个世纪每年的资本真实收益平均为 5.5% 左右，而且这是我们对资本收益率的估算。我们用可供选择的校准得出同样的真实收益；例如，这些参数可以修改为假设时间贴现率为每年 0.1%，而且消费弹性为 2.9，我们可以得出同样的真实利率。还要注意，与一些经济模型不同，DICE 模型解出了作为基本参数函数的利率，而不是作为外生参数的假设利率。利用这种方法可以很容易地改变所引入的假设条件。

时间贴现率与消费弹性的不同组合有重要的长期影响。但是只要真实利率沿着同样的轨道出发，对近期决策（如最优碳税、最优排放控制率，或者需要的温室气体浓度或温度增加限制的控制）影响就微不足道。总结性定论是，只要保持真实利率的近期轨道，在半个世纪左右的近期中结果对时间贴现率（在每年 0.1% 到 3% 的范围内）并不敏感。

不确定性

如果将全球变暖比作所有公共物品之母，那么它也可以被比作在不确定性之下作出决策之父。根据模型结构，每一个方程式（除了相同的）都包含了主要未解决的问题。一些重要的问题是，全球经济增长的速度是多少？如果全球变暖的进展超过 2 ℃或 3 ℃，在不同地区的危害将是什么，这些危害有多大？可以提供的非碳支柱技术有多昂贵？放弃或坚持国际缓解协议有多困难？发展中国家使它们的劳动力和经济脱离农业的速度会有多快？一种有竞争力的、低碳能源来源的经济效益是什么？科学家和经济学家对这些问题的回答存在重大分歧，而且看来结论是，在以后几年中不太可能有肯定的答案。而且，我们也不知道，解决这些不确定性的速度有多快，或者有助于解决它们的投资类型是什么。

DICE 模型现在的版本采取的第一步是在完全预见和相当于确定的假设之下分析全球变暖经济学。（相当于确定方法用所有参数的预期值计算模型。）这第一步提供了可供选择的不同方法在经济学中的直观认识。它也提供了某些条件下（例如，风险厌恶较低，函数是较为线性的，或者风险是较小的）对完整答案的初步估计。笔者与其他人先前的研究提供了对不确定的影响与了解近期政策（例如，控制率或最优碳税）的不一致的结果[1]。

不确定的全面论述超出了本书的范围。为了反映不确定性的影响，在第 7 章中我们提供了一些初步的结果。该分析中试验性和令人惊讶的结果是，确定性等价政策非常接近于用预期效用方法和不确定完全范围计算的政策。

地区分解

DICE 模型是对时间和空间的高度总和。10 年的时间步伐紧缩了许多时间——例如，两个京都预算时期就符合一个时间步伐。此外，我们把从纽约市到马里等高度不同的地区加总成一个巨大的全球总量。

对一体化评估模型的许多部分来说，总量是相对不重要的。例如，只要全球总量的估算是正确的，温室气体排放的地区分布就不重要。而且，如果地球物理方程式被适当地校准到精确的高分辨率模型，那么，全球平均结果也是相当准确的。全球总量方法的主要缺点是不能计算对个别地区与国家的影响与缓解的成本与收益。它也不可能考察在气候和经济活动的路径上不同联盟或地区中不同政策的影响。

---

[1]　Manne 和 Richels 1992，Nordhaus 和 Popp 1997，Nordhaus 和 Boyer 2000，Nordhaus 1994，Peck 和 Teisberg 1993，Hope 2006，以及 Webster 2002。

　　模型编制的地区方法现在仍处于与杨自力联合研究中。模型的地区版称为 RICE 或者气候与经济的地区一体化模型，计划在2008—2009 年完成并出版。地区模型也可以更加缩短时间步伐（五年）以便更接近《京都议定书》的预算时期。

第 4 章 |
可供选择的全球变暖政策

概　览

　　像 DICE 模型这样一体化评估方法的主要优点是它们可以在一个一致并全面的框架中研究可供选择的政策。可供选择的政策对环境和经济的成本与影响可以作为一个整体来分析。这使我们可以用更准确的方式了解所涉及的权衡交替。

　　对气候变暖政策的研究有许多潜在的方法。在本书中，我们把这些组织成表 4-1 所说明的主要政策。第一个是基线政策，即两个半世纪中没有控制的方案。在这种方案中，直至 2250 年排放仍没有控制，此后实施全面的一系列控制。下一个方案是经济上最优，在这种情况下，效用的贴现值最大。第三个方案是对二氧化碳浓度或全球温度增加有限制的方案。三种方案研究了不同版本《京都议定书》的含义。一个方案的研究根据《斯特恩报告》(斯特恩，2007 年) 的效用和贴现所包含的实施控制的成本，而另一个说明了最近由阿尔·戈尔提出的建议。最后一个方案指示了可以

表 4-1 用 DICE-2007 模型分析可供选择的政策

---

1. 没有控制（"基线"）。对前 250 年没有排放控制。

2. 最优政策。从 2010—2019 年的第二个时期，按最优水平确定排放与碳价格。

3. 有二氧化碳浓度限制的气候限制。除了二氧化碳浓度的限制小于既定的上限之外，类似于最优情况。

    A. 二氧化碳浓度限于 1.5 × 前工业社会水平（420 ppm）

    B. 二氧化碳浓度限于 2 × 前工业社会水平（560 ppm）

    C. 二氧化碳浓度限于 2.5 × 前工业社会水平（700 ppm）

4. 有温度限制的气候限制。除了全球温度变化的限制小于从 1900 年以来既定的增加量之外，类似于最优情况。

    A. 温度增加限于 1.5 ℃

    B. 温度增加限于 2 ℃

    C. 温度增加限于 2.5 ℃

    D. 温度增加限于 3 ℃

5. 《京都议定书》。即《京都议定书》的不同实施。

    A. 有美国参与的初始《京都议定书》。在 2008—2012 年预算时期保持不变的排放水平，实施《京都议定书》的排放限制，包括附件 1 的国家。

    B. 美国退出后的初始《京都议定书》。除了美国的附件 1 国家在 2008—2012 年预算期实施恒定排放的排放限制。

    C. 加强的《京都议定书》。

6. 雄心勃勃的建议

    A. 按《斯特恩报告》的精神：环境贴现率。这种做法用了《斯特恩报告》的气候投资真实利率与其他投资模型的真实利率。

    B. 戈尔的减排。到 2050 年达到全球减排 90%。

7. 低成本的支柱技术。可以以现在的成本取代所有化石燃料的技术或能源来源的开发。

取代化石燃料的竞争的、低碳能源来源的经济利益。

详细说明可供选择的政策

没有控制（"基线"）

第一种做法是没有采取减缓或扭转温室变暖政策的情况。假设政府不采取步骤遏制温室气体排放或把温室外部性内在化，而个人和企业可以适应变化的气候。这种政策是 2007 年之前各国所遵循的，直到 2008 年，《京都议定书》的参加者开始采用约束性限制措施。这里可计算的战略是遵循在 250 年中一直分配碳燃料的市场路径政策，此后世界就"醒来了"，并根据气候变化的危害使自己的排放轨道最优化。[1] 为了便于说明，我们也展示了较短时期（50 年）的结果。

"最优"政策

第二种情况是用经济上有效率或"最优"政策解决减缓气候变化。这可以解释为没有非经济限制的经济上最优。（注意危害包括非市场的和灾难性危害，但不包括任何一种具有"内在的价值"的既定气候的危害。）在这一过程中，排放被确定为经济消费的价

---

[1] 250 年是对最低可计算问题任意选择的时间段。如果无控制时期是 250 年或更长一点，对本问题来说基本没有差别。例如，无控制时期为 350 年，则增加的净现值为 4 万亿美元（贴现收入的 0.0002%），且霍特林租金的初始值与第四个重要的点相同。

值最大化。更为准确地说，这种做法找到了一条使现在的减排成本与未来全球变暖危害平衡的减排轨道。它假设完全参与和遵守，因此结果非常乐观。它在各个地区与不同时间之间有效地减排。减排的边际成本总是而且在各地都等于根据低危害的减排的边际收益。

对于最优情况我们应该谨慎一些。人们并不相信突然会出现一位环境沙皇颁发了绝对正确的政策法令，所有人都会虔诚地遵守。相反，最优政策是确定可供选择的方法会如何有效或无效的基准。在我们估算的经济、技术和地球物理限制为既定的情况下，这是可能的最佳减排政策路径。注意经济最优并没有给予气候稳定或其他非经济的或非人类价值的固有价值。它包括了气候变化非市场危害的计算，但包括这些在内的气候变化的成本只在某种程度上对人类有价值。

有二氧化碳浓度限制的气候限制

政策试验的以下两步都把气候限制放在经济成本和危害的上端。这里考虑的限制是浓度限制（例如把二氧化碳的浓度限制在前工业社会水平的两倍）或者温度限制（比如把全球温度上升限制为 1900 年水平以上 2 ℃ ）。这些做法类似于最优情况，除了气候限制是加在所估算经济危害的上端。这里有三种次情况：

A. 二氧化碳浓度限于 $1.5 \times$ 前工业社会水平（420 ppm）

B. 二氧化碳浓度限于 2×前工业社会水平（560 ppm）

C. 二氧化碳浓度限于 2.5×前工业社会水平（700 ppm）

有温度限制的气候限制

限制温度增加的气候限制类似于最优情况，除了全球温度变化的限制小于既定的最高上限。这里有四种次情况：

A. 温度增加限于 1.5 ℃（基于 1990 年水平）

B. 温度增加限于 2 ℃（基于 1990 年水平）

C. 温度增加限于 2.5 ℃（基于 1900 年的水平）

D. 温度增加限于 3 ℃（基于 1900 年的水平）

从纯经济的角度看，约束性限制难以合理化，因为看来不可能的是，限制的成本上升到一个明确的点上，此后就是无限成本。但这种思想体现在联合国气候变化框架公约的第二篇文章中，它宣布其最终目标是"把温室气体在大气中的浓度稳定在防止人类干预气候系统的水平上。"[1]

限制的经济理论基于危险干预，这种干预有极高代价的门槛，例如，南极洲西部冰盖（WAIS）的瓦解或者格陵兰冰盖（GIS）的融化。[2] 科学表明，现在还不了解这些门槛。例如，奥本海默和

---

[1] 参看联合国 2007。

[2] 参看 Oppenheimer 1998 与 Oppenheimer 和 Alley 2004。

阿莱（2004 年）表示，我们不能判断 WAIS 或 GIS 融化的关键门槛是全球变暖 1 ℃，2 ℃，还是 4 ℃，或者当地变暖 10 ℃。我们可以把门槛确定为温度限制，在这种温度限制时，有海平面上升迅速增加的可能性，并超过了某种可承受的水平。例如，把引起 WAIS 或 GIS 融化的相量变暖作为不可接受的。另一种理解门槛的方法是走出经济最大化的狭隘限制，并假设我们对未来子孙后代有管理的责任，不能通过引起重大海平面上升，物种灭绝或其他生态破坏损害这个星球。

这些看法并没有指向某个特定的门槛。对艰难限制与危险干预的作用已有相当多的分析，而且在本书中我们并不进行这种广泛的分析。[1] 确切些说，这里的关键是考察所引起的权衡交替，特别是在 DICE 模型中减排成本和气候危害范围内实施这些气候限制所增加的成本。换句话说，我们要问，为了以前分析的经济上最优，增加这些门槛限制会有多少支出。从经济的角度来看，考察近期政策的不同门槛的含义是特别有用又有趣的。记住这个目标，我们讨论了我们的两组气候目标，二氧化碳浓度限制和温度限制。

第一种限制的做法是稳定大气中二氧化碳的浓度。这种政策是由两种思想所推动的。第一，温室气体浓度引起的气候变化造成了气候变化的有害影响，进而引起温度与其他气候的变化。第二，二氧化碳浓度与二氧化碳排放密切相关，原则上它处于政策的控制之

---

[1]　例如，参看 Keller 等，2005。

下。正如以前提到的，在联合国框架公约之下浓度是特别确定的。虽然没有确定危险的水平，但一些科学家认为，一种谨慎的政策可以把大气中二氧化碳浓度限制在 560 ppm（即前工业社会水平的两倍）。我们把这种有收紧或放松的政策作为我们二氧化碳浓度的限制。注意这种政策与变暖或温度并没有直接联系，因为它忽略了其他辐射强迫，也因为浓度—温度联系的惯性与不确定性。

一种更好的目标包括减缓或稳定全球温度增加所采取的步骤。这种方法特别有趣，因为它集中在与实际关注（气候变化）的领域更密切的一个目标，这与大多数其他政策不同，例如在排放或浓度限制上，后者集中在很少或没有内在关注的中间变量上。这种气候目标的缺点是它与实际政策的联系并不密切，而且对全球温度的决定因素也了解太少。

对确定气候变化"可忍受的窗口"有许多建议[1]。我们考察了范围从代价高但可行的（1.5 ℃）到符合可接受的生态危害和冰盖稳定的上限（3 ℃）的四种情况（我们不考察较高的温度限制，因为它与最优做法关系并不大，从而对根据现在模型的考察没有用处）。

在所有气候目标情况中，我们把强加的限制作为经济上成本—收益最优化的一种补充。这种方法的经济直觉是把限制解释

---

[1] 关于这一问题的最近讨论，参看弗塞尔等（Füssel et al., 2003），它也计算出了安全地保持气候在引爆热温环流变化温度轨道之下的排放轨道。DICE-2007 模型的所有计算都完全低于引爆轨道。

为一个门槛，在这个门槛时危害函数突然变大，而且危害变为无限的。尽管在文字上不应该采用这种经济解释，但它有助于加强我们对潜在灾难性气候变化的经济含义的理解。还要注意，这些做法不同于一些做法——我们称它们为"没有危害的限制"——简单地实施气候限制（例如，把二氧化碳浓度限制为 560 ppm 的做法）。在气候变化文献中对这些方法有广泛的分析[1]。虽然它们是有用的启发性方法，但实施没有危害限制的限制在经济上是有漏洞的，因为它引起了不间断的成本门槛，但忽略了在门槛达到之前已经引起的气候危害。结果没有危害的限制方法会在轨道开始时有太低的减排。

《京都议定书》

以下我们研究《京都议定书》的三种变形：

A. 初始版本的独立延伸

B. 初始版本没有美国的延伸

C. 加强的《京都议定书》

现在控制温室气体的国际制度是《京都议定书》。1997 年签署的初始协定是对附件 1 国家［基本是经济合作与发展组织

---

[1]　参看 Wigley，Richels 和 Edmonds 1996。

（OECD）国家加东欧和大部分前苏联的国家〕的限制排放。议定
书规定："包括在附件 1 中的各方应该个别或共同确保它们总的大
气中温室气体二氧化碳当量的排放……不超过它们的配给量……
目的是在承诺的 2008—2012 年期间把它们这些气体的整体排放减
少到至少比 1990 年的水平低 5%。"协定计划在 2008 年实施，除
了美国的所有主要发达国家都承诺把它们二氧化碳的排放限制在
协定规定的限制之内。

　　这里的分析是粗略的考察，这种考察允许把《京都议定书》
的三种变形与其他主要方法进行对比。所有这三种变形都假设，
存在一个参与总减排目标的国家集团。[1] 分析进一步假设，这些国
家通过排放交易实现政策的完全协调一致，以至于碳价格在参与
地区之间是协调一致的。它允许没有银行或借贷，因此没有时间
差的价格套利。它又假设，在非参与国没有减排。

　　在变形 A 的情况下，我们考察有原来排放限制的初始《京都
议定书》的独立延伸。变形 B 和变形 A 同样，除了从参与国中排
除了美国。经济学文献广泛分析了这些政策。[2] 变形 C 更值得思
考，它分析了一个深刻而广泛的协定。现有的《京都议定书》的
变形的缺点是明显的，而且欧洲国家和日本一直在提倡推出更强
的版本。例如，在 2007 年八国集团首脑会议的准备中，德国主张
承诺把全球变暖限制在 2 ℃，而且到 2050 年全球温室气体排放的

---

[1]　参与的分析包括在第 6 章中。

[2]　参看 Weyant 和 Hill 的文章 1999。

减少目标是低于 1990 年的 50%。虽然布什政府否定了这个建议，但未来的美国政府可能会做出类似的努力。

德国建议的两个部分是完全不同的。以前讨论了有温度限制的政策。我们的估算表明，排放目标比必须达到 2 ℃的目标更紧迫，这个主题将在以后讨论。

对排放限制方法，我们分析了"加强的《京都议定书》"。对这种变形，我们要在未来几十年中逐渐增加国家，而且国家开始减排 10%，以后每 25 年中再增加减排 10%。在这种情况下，美国在 2015 年加入协定，并承诺到 2030 年减排 50%；中国在 2020 年加入，并承诺到 2045 年减排 50%；印度落后中国 10 年。假定除了撒哈拉以南非洲，每个地区到 21 世纪中期都承担重大的减排。这种加强的方法使全球减排率比 2050 年基线高出 40%，这时全球排放水平略高于 1990 年的水平，并不如刚刚引用的德国目标严格。如果我们看各国按加强的《京都议定书》参与和减排的速度，我们就可以得出结论，实施需要付出比以前任何国际协议更加艰辛的努力。

在所有《京都议定书》的情况下，我们假设有效进行了减排，减排的边际成本（以及碳价格）在所有参与地区中都是相等的。所有非参与国都有不受限制的排放，而且隐含的碳价格是零。

"雄心勃勃"的建议

这里分析的两种方法被称为"雄心勃勃"，含义是它们要求在近期内有极其大幅度的减排。其中一种是按极低时间贴现率和资本收益的估算，而且是构成《斯特恩报告》分析基础的精神。另一种是基于阿尔·戈尔关于近期大幅减排提出的建议。

按《斯特恩报告》的精神

正如以前讨论的，全球变暖经济学研究中主要的争论之一是适当的贴现率。为了考察贴现的作用，一种做法是用接近零的贴现率与单位消费弹性来进行。对这种做法，我们采用《斯特恩报告》中主张的每年 0.1% 的贴现率。[1] 为了用一种与其他做法一致的方法实施这一点，我们用一种二元的贴现率方法。按这种方法，我们在气候投资中用极低的真实贴现率（每年 1% 左右），而经济的其他投资用现在的贴现（每年 5.5% 左右）。这种二元贴现不同于《斯特恩报告》中的方法，按这种方法斯特恩含蓄地提出，极其低的贴现率普遍适用，而不是仅适用于气候部门。

为了模拟这一过程，我们首先用《斯特恩报告》的目标函数把减排最优化。这种最优化就产生了极其大的减排率和极高的碳价格。然后我们回到有标准贴现率和消费弹性但有限制的做法，采用了从第一阶段减排的 DICE 模型。接下来我们评估用标准贴现和 DICE 模型的其他运算所用的经济假设时的成本与收益。我们将看到，这种方法导致开始时大幅度地减排，因为未来危害是被

---

[1]　参看 Stern 2007，以及 Cline，1992。

极低地贴现的。这就引起重大的无效率，因为对气候投资的低贴现率导致了气候投资的低收益，从而把这些投资挤到高收益的非气候资本投资了。我们将在第 9 章中更详细地讨论《斯特恩报告》的方法。

按戈尔建议的精神

最后一种建议是按美国前副总统小阿尔·戈尔在 2007 年 3 月向议会提出的一份建议的精神。虽然在他的书面陈述中没有做出具体建议，但在他口头的陈述中，戈尔建议到 2050 年美国的排放要减少 90%，同时采取其他措施，例如，禁止烧碳的工厂并提高效率标准。[1] 他后来明确地说，美国应该"在以后两年中加入一项国际公约，该公约应该要求在发达国家和世界范围一半以上减少全球变暖污染的 90%，从而让下一代继承一个健康的地球。"[2] 假设全球排放控制率从 2010 年的 15% 增加到 2050 年的 50%（这些限制实际上不如从基年类似的减排百分比，因为排放没有控制地增加）。此外，还假设到 2050 年参与率从原来的 50% 增加到 100%，这一建议方能实现。虽然这些目标难以实现，但对理解其经济与环境含义是有用的。

---

[1] 这一观点得到了广泛报道，例如在议会季度报告中。

[2] Gore 2007.

低成本的支柱技术

最后的方案研究了开发一种新能源的影响，这种新能源以在环境上无害的方式取代现在的化石燃料，在成本上对比今天的技术具有竞争力。这被称为"低碳支柱"。现在还没有这种技术。目前的估算是，大幅度取代所有化石燃料所涉及的技术的边际成本为每吨碳1000美元左右。但是，从长远来看，有许多可能的替代化石燃料的方法，而且我们不能排除在下个世纪及以后非碳燃料的重大创新。例如，以核能为基础的氢，长久以来被看作是一种可行且可持续的替代方案。

另一种可能的但更不确定的选择是设计既能从大气中消除碳又能抵消二氧化碳浓度上升气候影响的技术。后者被称为地球工程研究，包括抵销温室气体变暖效应的大规模工程。地球工程研究是目前唯一具有经济竞争力的抵销全球变暖的技术。地球工程研究的主要选择是把小微粒注入上层大气中，以增加对阳光的反射，从而使地球表面冷却下来。从本质上讲，这就包括了每年产生几次大型火山爆发的气候效应。1992年美国国家科学院的报告对这种方法的结论是："也许令人惊讶的一点是，这种方法的一些地球工程研究的实施是较低成本的。"[1]

---

[1]　国家科学院报告，1992，第460页。国家科学院的报告说明了提供理论上有能力以每碳税不到1美元的价格抵销温室气体辐射强迫的选择数量（参看国家科学院1992，第28章）。

应该强调的是，虽然有一些科学家已经对地球工程研究的影响进行了认真研究，[1]但生态学家和气候科学家都对它用于缓和气候持严肃的保留意见。一个特别令人担忧的问题是增加的海洋酸化，而且不能用改变辐射强迫的方法来扭转。此外，地球工程研究的气候影响并没有得到充分的研究，实际上可能引起不可预见的结果。特别令人担心的是温室气体积累和地球工程研究代表了气候系统中两种重大干预，地面温度先上升然后下降。尽管第一级的影响可以删去，但仍然会有未预见到的第二级影响。

根据现在的计算，我们分析了一般的新支柱技术，但并没有指定它代表了哪一种替代选择。根据我们的计算，我们假设支柱技术有零碳含量，并以每吨碳成本 5 美元取代现有的化石燃料。这个数字可以作为地理工程技术抵销全球变暖的估算成本。但应该强调的是，现在还没有环境上无害的技术能够控制在假设的成本内。

---

[1] 一个优秀的概述参见 Keith, 2000。一份支持的文件参见 Teller, Wood 和 Hyde, 1997。关于地球物理的一些思考参看 Govindasamy, Calderia, 和 Duffy, 2003。

第5章 |

DICE-2007 模型运算的结果

现在我们说明 DICE-2007 模型运算的主要结果。首先，应该强调的是，像 DICE 这样的模型是理解复杂系统行为的主要工具。它们并不是制造真理的机器。结果并不真实，并没有准确反映模型编制、行为以及可衡量的错误和不确定性。同时，一体化评估模型提供了一个基本原则，即假设和结论是内在一致的，以及可供选择的假设或政策的结果可以被描绘出来。

整体运行的结果

我们首先总结第 4 章所述替代政策的总体结果。表 5-1 总结了不同的做法。各行表示所考察的 16 种不同政策。前两个数字栏表示不同政策相对于基线政策的纯经济影响，基线假设在前 250 年中不控制温室气体排放。标出"目标函数"的一栏是相对于基线效用的不同贴现值的差别，把第一时期的消费作为标准。换句

表 5-1　DICE 模型的主要运行结果

做　　　法	与基线的差别		气候危害净现值	减排成本净现值
	目标函数	减排加危害		
	2005 年万亿美元			
无控制				
延迟 250 年	0.00	0.00	22.55	0.04
延迟 50 年	2.34	2.14	18.85	1.60
最优	3.37	3.07	17.31	2.20
浓度限制				
限于 $1.5 \times CO_2$	−14.87	−14.60	9.95	27.24
限于 $2 \times CO_2$	2.88	2.67	15.97	3.95
限于 $2.5 \times CO_2$	3.37	3.08	17.31	2.20
温度限制				
限于 1.5 ℃	−14.73	−14.44	9.95	27.08
限于 2 ℃	−1.60	−1.80	13.09	11.30
限于 2.5 ℃	2.27	1.99	15.32	5.28
限于 3 ℃	3.24	3.02	16.67	2.90
《京都议定书》				
有美国参与的《京都议定书》	0.71	0.63	21.38	0.58
美国退出后的《京都议定书》	0.15	0.10	22.43	0.07
加强的《斯特恩报告》	1.00	0.71	16.01	5.87
贴现	−16.95	−14.18	9.02	27.74
戈尔的建议	−21.66	−21.36	10.05	33.90
低成本支柱	17.19	17.19	4.92	0.48

说明：在文中与表 4-1 中说明了不同栏目的解释和不同做法的定义。

续表 5-1

减排成加气候危害的净现值	碳的社会成本	碳 税		全球温度变化	
	2005 年	2010 年	2100 年	2100 年	2200 年
	（每吨碳 2005 年美元）			（1900 年以来 ℃）	
22.59	28.10	0.00	1.00	3.06	5.30
20.45	27.80	0.00	203.60	2.72	3.52
19.52	27.30	33.80	202.40	2.61	3.45
37.19	144.0	189.70	761.20	1.61	1.78
19.92	29.20	39.60	445.50	2.48	2.84
19.51	27.30	37.10	202.40	2.61	3.45
37.03	106.50	148.80	899.10	1.50	1.50
24.39	45.30	60.20	863.40	2.00	2.00
20.60	31.30	42.20	539.50	2.41	2.50
19.57	27.90	37.90	256.70	2.57	2.99
21.96	27.80	16.20	11.30	2.94	5.23
22.49	28.10	1.20	1.00	3.05	5.29
21.88	27.10	36.20	321.80	2.39	3.26
36.77	23.90	305.20	948.90	1.52	1.27
43.96	27.80	56.10	865.20	1.49	1.58
5.40	19.00	4.90	4.10	0.90	0.83

话说，它衡量在那种政策下消费的现值减去基线（没有控制情况下）消费的现值。

第二栏是衡量危害和减排现值差别的一个接近值。两种成本衡量是不同的，因为成本、危害和效用函数是非线性的。下面的三栏说明气候危害的现值，减排成本的现值，以及减排成本和危害的总和。第六栏说明 2005 年"碳的社会成本"，而下两栏说明政府引进的"碳价格"或"碳税"。碳的社会成本指当期成本；碳价格指全球制度处于适当位置时的第一个现实时期的价格。在这里需要对一些术语进行讨论。碳的社会成本是每增加一吨碳排放增加的危害。在一个动态框架中，它是根据现期消费表示的消费效用变动的贴现值。碳价格是碳的市场价格（比如说，在交易制度中）或者对碳排放征收的税（在税收制度中）。最优的碳价格或者最优的碳税是能够平衡减少碳排放增加的成本与减少碳危害增加的收益的市场价格（或碳税）。在无排放控制的制度下，碳的社会成本将超过（零）碳价格。在一种最优制度下，碳税将等于碳的社会成本。最后两栏说明，在不同政策下，所计算的 2100 年和 2200 年全球中值温度的变化。

我们从考察相对于基线或没有控制的政策时不同政策的净经济收益开始。图 5-1 和图 5-2 用图形说明了收益。最优政策有净经济福利的极大收益，总计达 3.4 万亿美元。虽然这是一个极大的绝对数，但在未来总收入的贴现值中仅占很小比例，约为 0.17%。

最优政策与增加一个适当紧缩的气候限制对经济成本—收益

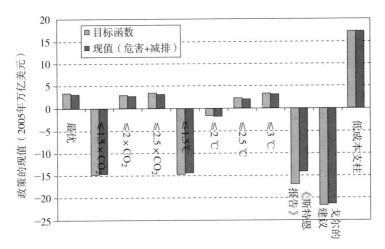

图 5-1 可供选择的政策的现值

在两种措施之下相对于基线的可选政策现值的差别。第一个柱体表示 2005 年美元目标函数的价值（目标函数），而第二个柱体表示按同样单位的减排和危害总和的现值［现值（危害＋减排）］。表 4-1 中说明了这些政策。略去基线是因为它是零现值差别。

第 5 章图形的说明：最优＝最优政策；≤ 1.5 × CO_2＝CO_2 浓度限定为前工业社会水平的 1.5 倍；≤ 2 × CO_2＝CO_2 浓度限定为前工业社会水平的 2 倍；≤ 2.5 × CO_2＝ CO_2 浓度限定为前工业社会水平的 2.5 倍，≤ 1.5 ℃＝全球温度增加限定为 1.5 ℃；≤ 2 ℃＝全球温度增加限定为 2 ℃；≤ 2.5 ℃＝全球温度增加限定为 2.5 ℃；≤ 3 ℃＝全球温度增加限定为 3 ℃；Kyotaw US＝有美国参与的《京都议定书》；Kyotawo US＝美国退出后的《京都议定书》，Strong Kyoto＝加强的《京都议定书》，Stern＝用《斯特恩报告》贴现所产生的排放控制；Gore＝阿尔·戈尔的建议；Back＝低成本支柱技术。

最优并没有重大差别。表 5-2 说明在成本—收益最优的基础上增加一种气候限制所增加的成本。除了对浓度或温度最严格限制的情况外，在成本—效益最优的基础上增加气候限制的成本是极小的（1 万亿美元或略少一些）。鉴于现在的技术和参与的现实考虑，把

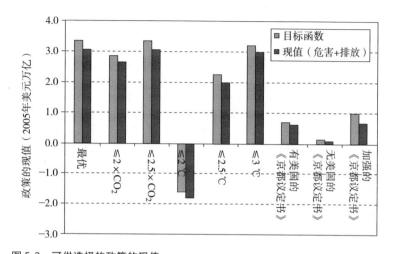

图 5-2　可供选择的政策的现值

与图 5-1 同样的值，为了清楚略去了大的值。参看图 5-1 关于政策的定义。

温度增加限定为 1.5 ℃或者把二氧化碳浓度限定为前工业社会水平的 1.5 倍，成本是极高的。把二氧化碳浓度限定为前工业社会水平的 2.5 倍，并没有约束性，因此它与最优做法相同。

对气候限制结果的解释如下：纯经济成本—收益计算说明，某种减排路径在经济上是有利的。但这种路径可能忽略了其他考虑因素，例如，"管理"或者对可接受的变革之外的风险的厌恶。计算表明，增加气候限制（例如，把二氧化碳浓度限定为前工业社会水平的两倍或者把温度变化限定为 2.5 ℃），正如表 5-2 表示的，其增加的价格较低。对那些认为经济方法缺失了灾难性风险或生态系统价值这些重要因素的人，可以把这些数字解释为增加额外的限制对成本—收益计算所要求的保险贴水。换句话说，增

表 5-2 增加气候限制对经济最优增加的成本

政　策	相对于最优政策增加的影响		
	气候危害现值	减排成本现值	成本加危害的净现值
	（2005 年美元，万亿）		
限定到 $1.5 \times CO_2$	−7.40	25.00	17.70
限定到 $2 \times CO_2$	−1.30	1.70	0.40
限定到 $2.5 \times CO_2$	0.00	0.00	0.00
限定到 1.5 ℃	−7.40	24.90	17.50
限定到 2.0 ℃	−4.20	9.10	4.90
限定到 2.5 ℃	−2.00	3.10	1.10
限定到 3 ℃	−0.60	0.70	0.00

加的成本是把气候系统保持在规定限制之内所要求的净量（减排成本减去避免的损失）。

这里研究的三种《京都议定书》是较为低效和无效的。最优政策在增加的减排成本为 2.2 万亿美元时，把全球温度增加在 2200 年降到 2.1 ℃（相对于基线）。现在的《京都议定书》对全球气候基本没有影响，而加强的《京都议定书》减排成本是有效政策成本的 2.5 倍，而对 2200 年的气候有同样的影响。这些结果证实了早期模型编制研究所说明的，《京都议定书》是成本高而效益低的。[1]

体现在《斯特恩报告》和戈尔政策中的雄心勃勃的计划成本极高。它们成功地把全球温度增加减少到在 1.3 ℃ 和 1.6 ℃ 之间，

---

[1] 参看 Weyant 和 Hill 1999 中的文章。

但它们成本极高。雄心勃勃的计划的净成本相对于基线在17万亿美元到22万亿美元之间，相对于最优值在20万亿美元到25万亿美元之间。这些方法的效益低是由于它们引起太急剧而且在时间上太早的减排，从而不允许有跨期效率。

低成本支柱方案假设，存在环境上安全又能与化石燃料竞争的能源来源。从经济的角度看，相对于基线有17万亿美元的正现值，这种选择是极其有吸引力的。虽然它不是现在可以实现的，但低成本支柱技术的高价值说明，对这种能源来源深入的研究是有价值的。

表5-3说明每一种不同政策增加的成本、危害以及收益—成本比率。正如表5-1所表明的，减排成本与危害的总和与净经济影响差别不大，因为是非线性的，但减排与危害成本的总和提供了一种经济影响好的接近值。相对于没有控制，任何一种收益—成本比率小于一的政策都有负的净经济价值。相对于基线，大多数政策通过了收益—成本检验。最糟糕的例外情况是斯特恩的建议、戈尔的建议以及极严的控制（例如，极严的温度或二氧化碳限制）。

在判断这些比率时，要确保政策有完全参与和有效实施。如果实施不力（比如说，由于不合理的许可证分配，差异化的标准，排他性，无效的税收，或者地区性例外），那么成本就将增加，即使是最优政策的收益—成本比率也会轻而易举地降至1以下。

表5-3也说明了不同建议分别对成本和收益的影响。显然，

气候变化政策中也涉及了重大利益。有效的政策可以以低于一半的成本避免至少5万亿美元的贴现风险，另一方面，低效的计划可以比有效的计划多花掉5万亿美元、10万亿美元甚至30万亿美元。我们以后会研究效率低下的模式。

表5-3 相对于基线增加的减排成本和危害，以及不同方法的收益—成本比率

政　　策	收益（减少危害） 减排成本		收益—成本比率
	（2005年美元，万亿）		
50年延迟	3.69	1.55	2.40
最优	5.23	2.16	2.40
浓度限制			
限定为 $1.5 \times CO_2$	12.60	27.20	0.50
限定为 $2 \times CO_2$	6.57	3.90	1.70
限定为 $2.5 \times CO_2$	5.24	2.16	2.40
温度限制			
限定为 1.5 ℃	12.60	27.03	0.50
限定为 2 ℃	9.45	11.25	0.80
限定为 2.5 ℃	7.22	5.24	1.40
限定为 3 ℃	5.88	2.86	2.10
《京都议定书》			
有美国的《京都议定书》	1.17	0.54	2.20
无美国的《京都议定书》	0.12	0.02	5.00
加强的	6.54	5.82	1.10
《斯特恩报告》贴现	13.53	27.70	0.50
戈尔的建议	12.50	33.86	0.40
低成本支柱	17.63	0.44	39.90

说明：数字是与没有控制的基线的差别。

在图 5-3 中我们也计算了减排成本与气候危害占收益的百分比（所有贴现值）。对于适度有效的政策，减排成本限定在收入的 0.1% 到 0.25% 之间（按现值基础）。这远远小于在斯特恩和戈尔建议中隐含的雄心勃勃的计划下的成本，在其中减排成本总计为收入的 1.5% 左右（《斯特恩报告》估算的减排成本的现值为收入的 1%）。避免的危害是相当大的，因为我们对气候变化潜在危害的估算是巨大的。有效的政策减少的危害为全球收入的 0.2% 到 0.4%，而大多数严格的政策减少的危害最多为 0.6%。

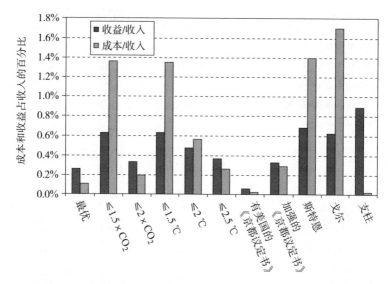

图 5-3 成本和收益占收入的百分比

对主要政策的减排成本和收益（减少危害）是分开的，并表示为总收入的百分比（所有数字都按消费贴现率贴现）。这个图表示相对于没有控制的基线。参看图 5-1 关于政策的定义。

排放控制、碳的社会成本与碳价格

DICE 模型中最重要的计算之一是碳的社会成本（SCC）。正如表 5-1 中说明的，我们估算 2005 年在没有干预时每吨碳的社会成本是 28 美元左右。这个结果略低于 IPCC 第四份评估报告的平均水平。[1]SCC 总是等于或高于最优碳税，但在我们的计算中早期的差别较小。

在基线情况时 SCC 特别提供了信息，因为它表明任何有效排放控制计划应该采用的最大值。换句话说，部分计划（例如参与不完全的计划）的碳价格可能高于最优碳价格，但决不会高于 SCC。还要注意，在实施无效的严格控制时，SCC 也低于碳价格，如《斯特恩报告》和戈尔的建议。

表 5-4 和图 5-4 说明了与不同政策相关的碳价格。对于我们分析的大多数情况，假设在一国内和在各国之间价格是协调一致的。这种协调一致可以通过一致的税收或通过充分交易的排放许可证来实现。

2010 年最优政策是每吨碳税 34 美元（所有计算都以 2005 年国际美元计算）。[2] 未来几年的最优碳税会上升，2015 年达到每吨

---

[1] "同行评审对 2005 年 SCC 估算值为 43 美元 / 吨碳（即 12 美元 / 吨二氧化碳），但围绕这个均值的范围非常大。例如，在 100 个估算的概况中，这个值从 -10 美元 / 吨碳（-3 美元 / 吨二氧化碳）到 350 美元 / 吨碳（95 美元 / 吨二氧化碳）"，参看 IPCC，2007a，第 17 页。

[2] 模型编制的运算假设，根据《京都议定书》减排出现在 2008—2010 年。假设特殊的计划分析是从模型的第二个完整时期 2011—2020 年开始的。

表 5-4　不同政策的碳价格或碳税

政　策	2005	2015	2025	2035	2045	2055	2065	2075	2085	2095	2105
					（每吨碳的 2005 年美元）						
无控制											
推迟 250 年	0.08	0.03	0.04	0.07	0.10	0.15	0.23	0.35	0.53	0.79	1.18
推迟 50 年	0.08	0.03	0.04	0.07	0.10	99.31	118.26	139.33	162.82	189.02	218.25
最优	27.28	41.90	53.39	66.49	81.31	98.01	116.78	137.82	161.37	187.68	217.02
浓度限制											
限定于 1.5×CO$_2$	144.04	247.61	421.92	609.52	659.23	695.10	720.73	738.71	750.96	758.88	763.51
限定于 2×CO$_2$	29.24	45.11	58.67	75.18	95.69	121.96	157.06	206.45	280.13	396.87	494.11
限定于 2.5×CO$_2$	27.28	41.90	53.39	66.49	81.31	98.01	116.78	137.82	161.37	187.68	217.02
温度限制											
限定于 1.5℃	106.50	174.68	268.94	410.07	611.49	870.32	1018.38	997.24	818.69	932.67	865.51
限定于 2℃	45.30	71.82	102.25	146.01	209.83	303.07	436.46	615.52	817.77	919.77	807.01
限定于 2.5℃	31.29	48.48	64.04	83.72	109.15	142.90	188.88	252.76	341.91	463.38	615.68
限定于 3℃	27.89	42.89	54.98	69.04	85.38	104.52	127.16	154.40	187.82	229.76	283.55
《京都议定书》											
有美国	0.08	15.02	15.72	14.74	13.70	12.95	12.40	11.99	11.67	11.43	11.25
无美国	0.08	1.56	1.08	0.95	0.93	0.95	0.23	0.35	0.53	0.79	1.18
加强的	0.08	19.82	53.15	114.51	181.34	223.05	251.54	275.48	296.34	314.21	329.30
《斯特恩报告》											
贴现	248.98	336.38	408.68	480.24	554.59	633.89	719.59	812.89	915.08	958.01	939.82
戈尔建议	24.99	94.14	264.73	501.28	794.11	948.82	928.56	909.29	890.96	873.52	856.93
低碳支柱	5.00	4.88	4.76	4.65	4.55	4.45	4.35	4.26	4.18	4.09	4.02

说明：除非有其他说明，第一期的排放控制率从 2008 年开始。这些控制率超过了任何一种"负成本"的减排。

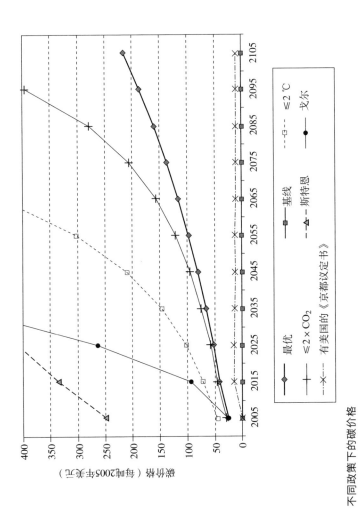

图 5-4 不同政策下的碳价格

在未来一个世纪中不同政策下全球平均碳价格。注意战略上上升的趋势。这些价格是每吨碳的价格；每吨二氧化碳的价格除以 3.67。

42 美元，2050 年达到每吨 90 美元，2100 年达到每吨 202 美元。作为参考，每吨碳税 20 美元会使煤的价格每吨上升 10 美元，约为 2005 年美国坑口煤价格的 40% 左右。此外，每吨碳税 10 美元会使每加仑汽油价格上涨约 4 美分左右。

没有控制的情况有初始的霍特林租金为每吨碳 0.07 美元（反映了碳燃料的相对丰富）。稳定二氧化碳浓度和温度的政策初始的碳价格接近于除了最严格目标时所有最优政策的价格。随着目标的临近，这些税会急剧增加，特别是在严格的浓度与温度目标的情况下尤为明显。最优政策会把高税率推迟到未来而满足这些目标。减少未来排放是一种满足经济与气候目标的成本效益高的方法，因为在现值的意义上它的支出少了，而且也因为当目标变成一种约束性限制时一些排放将从大气中消失。

表 5-5 和图 5-5 说明在不同政策中对二氧化碳的排放控制率。这说明温室气体排放减少的程度低于它们的参考水平。最优路径下，在第二个模型时期（2011—2020 年）中减排开始时是按基线 16% 左右的比率，而且在下个世纪缓慢上升，到 2050 年达到基线的 25% 左右。最严格的气候目标路径开始时是较低的排放控制率，但到 21 世纪中期排放控制率迅速上升为 25% 与 80% 之间。（针对 2000—2009 年第一个时期的解释是复杂的，因为已经成为历史。除非另有说明，我们假设政策是在 2011 年出台的。）

雄心勃勃的戈尔和斯特恩战略的经济问题表现在他们规定的高排放控制率和碳价格上。到 21 世纪中期 80% 到 90% 的高控制

表5-5 不同政策的排放控制率

政策	2005	2015	2025	2035	2045	2055	2065	2075	2085	2095	2105
					（全球基线排放的比例）						
无控制											
推迟 250 年	0.005	0.003	0.003	0.005	0.006	0.007	0.009	0.012	0.015	0.019	0.024
推迟 50 年	0.005	0.003	0.003	0.005	0.006	0.271	0.302	0.335	0.370	0.406	0.444
最优	0.005	0.159	0.185	0.212	0.240	0.269	0.300	0.333	0.368	0.404	0.443
浓度限制											
限定于 1.5 × CO_2	0.005	0.428	0.583	0.725	0.766	0.799	0.825	0.846	0.864	0.879	0.891
限定于 2 × CO_2	0.005	0.166	0.195	0.227	0.262	0.304	0.354	0.417	0.500	0.613	0.700
限定于 2.5 × CO_2	0.005	0.159	0.185	0.212	0.240	0.269	0.300	0.333	0.368	0.404	0.443
温度限制											
限定于 1.5 ℃	0.005	0.352	0.454	0.581	0.735	0.905	1.000	1.000	0.906	0.985	0.955
限定于 2 ℃	0.005	0.215	0.265	0.328	0.406	0.504	0.625	0.765	0.906	0.978	0.919
限定于 2.5 ℃	0.005	0.173	0.205	0.240	0.282	0.332	0.392	0.466	0.558	0.668	0.791
限定于 3 ℃	0.005	0.162	0.188	0.216	0.246	0.279	0.315	0.355	0.400	0.452	0.514
《京都议定书》											
有美国	0.005	0.090	0.094	0.092	0.089	0.087	0.086	0.086	0.085	0.085	0.086
无美国	0.005	0.026	0.021	0.020	0.020	0.020	0.009	0.012	0.015	0.019	0.024
加强的	0.005	0.105	0.184	0.286	0.374	0.425	0.460	0.489	0.515	0.538	0.556
《斯特恩报告》贴现	0.423	0.507	0.573	0.635	0.696	0.759	0.825	0.893	0.964	1.000	1.000
戈尔建议	0.005	0.250	0.450	0.650	0.850	0.950	0.950	0.950	0.950	1.000	0.950
低碳支柱	1.000	1.000	1.000	1.000	1.000	1.000	1.000	1.000	1.000	1.000	1.000

说明：除非另有说明，排放控制率从 2008 年开始第一时期。这些控制率超出了任何一种"负成本"减排。

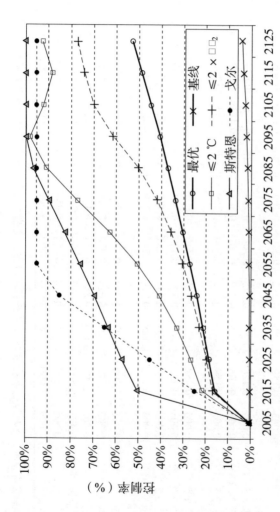

图 5-5 不同政策下的排放控制率

在下个世纪，不同政策之下的全球排放控制率。注意直线向上弯曲的部分。

率要求（根据我们的估算）每吨碳价格在 600 到 900 美元的范围。这些价格引起极大的混乱，而且产生的经济成本也高。这些碳价格的估算也适用于最近德国提出的到 21 世纪中期全球排放从 1990 年的水平减少 50% 的建议。

排放、浓度以及气候变化

排放

下面我们研究不同政策对气候变量的影响。表 5-6 与图 5-6 说明了每十年工业二氧化碳排放总量。在未来几十年中 DICE-2007 对基线的或没有控制的工业二氧化碳排放的预测是继续迅速增加的，在 2100 年达到每年 190 亿吨碳（10 亿吨碳简称 GtC）。在最优情况下，在 2100 年排放限于每年 12.5GtC。

关于减排情景，年度排放量呈驼峰型，在最优情况下隆起是在 2100 年左右，而在有气候限制时为 2050 年左右。没有一条有效的路径（即使把温度增加限定于 2 ℃）可以从一开始就减排。相比之下，戈尔和斯特恩的雄心勃勃的计划要求马上减排或限制。在这样的计划中优先减排所耗费的成本比驼峰型减排计划大得多。

浓度

在表 5-7 和图 5-7 中说明了大气中二氧化碳的浓度。2005 年大

表5-6 根据政策每十年全球工业二氧化碳排放

政策	2005	2015	2025	2035	2045	2055	2065	2075	2085	2095	2105
					（每十年工业来源碳的10亿吨）						
无控制											
推迟250年	74.30	87.40	99.70	111.50	123.10	134.70	146.50	158.60	171.10	184.10	197.50
推迟50年	74.30	87.50	99.70	111.50	123.10	99.00	103.30	106.80	109.70	111.70	112.80
最优	74.30	73.70	81.60	88.30	94.20	99.30	103.60	107.20	110.10	112.10	113.10
浓度限制											
限定于 1.5×CO$_2$	74.30	50.10	41.60	30.70	28.70	27.00	25.60	24.50	23.50	22.70	22.00
限定于 2×CO$_2$	74.30	73.10	80.60	86.60	91.40	94.50	95.60	93.70	87.00	72.80	60.90
限定于 3×CO$_2$	74.30	73.70	81.60	88.30	94.20	99.30	103.60	107.20	110.10	112.10	113.10
温度限制											
限定于 1.5℃	74.30	56.70	54.50	46.80	32.70	12.80	0.00	0.00	16.10	2.80	9.00
限定于 2℃	74.30	68.80	73.40	75.20	73.50	67.20	55.50	37.70	16.40	4.20	16.40
限定于 2.5℃	74.30	72.50	79.60	85.10	88.90	90.70	89.90	85.70	76.90	62.40	42.50
限定于 3℃	74.30	73.50	81.30	87.80	93.40	97.90	101.40	103.70	104.40	103.00	98.70
《京都议定书》											
有美国	74.30	79.80	90.70	101.70	112.80	123.90	135.20	146.80	159.00	171.80	185.30
无美国	74.30	85.40	97.90	109.80	121.30	132.90	146.50	158.60	171.70	184.10	197.50
加强的	74.30	78.50	81.60	80.00	77.60	78.10	80.00	82.00	84.30	86.80	89.60
《斯特恩报告》贴现	43.10	43.20	42.70	40.90	37.60	32.70	25.90	17.20	6.20	0.00	0.00
戈尔的建议	74.30	65.90	55.20	39.30	18.60	6.80	7.30	8.00	8.60	9.30	10.10
低碳支柱	0.00	0.00	0.00	0.00	0.00	0.00	0.00	0.00	0.00	0.00	0.00

说明：除非另有说明，假设政策在 2008 年引进。

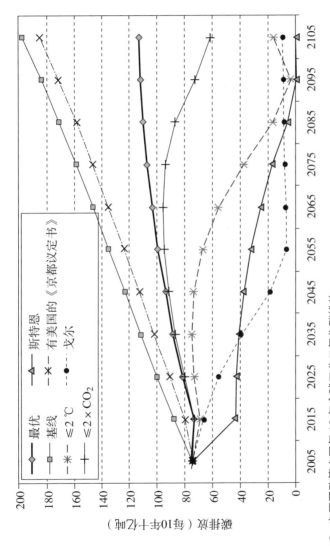

图 5-6 在不同政策之下每 10 年全球工业二氧化碳排放

下个世纪不同政策下全球工业二氧化碳排放。2005 年的数字是实际值。

表 5-7   根据政策的大气二氧化碳浓度

政　　策	2005	2015	2025	2050	2100	2200
	（大气中的浓度，碳的百万分之）					
无控制						
推迟 250 年	379.80	405.20	432.70	507.90	685.90	1182.60
推迟 50 年	379.80	405.20	432.70	507.90	602.90	667.60
最优	379.80	405.20	426.20	480.90	586.40	658.50
浓度控制						
限定于 $1.5 \times CO_2$	379.80	405.20	415.10	420.20	420.20	420.20
限定于 $2 \times CO_2$	379.80	405.20	425.90	479.00	557.80	558.00
限定于 $2.5 \times CO_2$	379.80	405.20	426.20	480.90	586.40	658.50
温度限制						
限定于 1.5 ℃	379.80	405.20	418.20	434.40	400.40	388.20
限定于 2 ℃	379.80	405.20	423.90	466.20	464.90	442.20
限定于 2.5 ℃	379.80	405.20	425.70	477.30	544.40	504.60
限定于 3 ℃	379.80	405.20	426.10	480.40	579.30	575.70
《京都议定书》						
有美国	379.80	405.20	429.10	496.00	660.30	1166.20
无美国	379.80	405.20	431.70	505.60	684.00	1181.50
加强的	379.80	405.20	428.50	474.90	543.80	629.20
《斯特恩报告》贴现	379.80	390.50	400.00	417.00	404.40	361.20
戈尔的建议	379.80	405.20	422.50	430.90	399.20	399.40
低碳支柱	379.80	370.30	363.30	352.20	340.30	325.20

气中的浓度从 380 ppm 开始，在 2100 年基线浓度上升到 686 ppm，
2200 年上升到 1183 ppm。在最优控制情况下，2100 年浓度限制在
586 ppm，2200 年限制在 659 ppm。在经济最优和在气候限制情况
下，二氧化碳浓度之间的大部分差别出现在 2050 年以后。

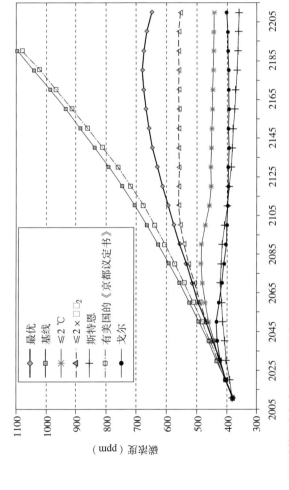

图 5-7 不同政策下大气中二氧化碳浓度

下个世纪不同政策下大气中二氧化碳的浓度。2005 年的数字是实际值。

温度增加

表 5-8 和图 5-8 说明了全球中值温度的增加。2005 年基线温度增加了 0.73 ℃（相对于 1890—1910 年的平均水平）。基线预期的增加到 2100 年为 3.06 ℃，到 2200 年为 5.30 ℃。显而易见，根据 DICE 模型预测，即将发生的主要的变暖是由于过去的排放和气候惯性。相比之下，经济上最优的预测到 2100 年增加 2.61 ℃，到 2200 年增加 3.45 ℃。

除了戈尔和斯特恩雄心勃勃的政策建议，所有的做法到 21 世纪中期都表现为极其类似的浓度与温度轨道。在 2050 年以后，相对于其他路径，有经济或气候限制的方案开始呈向下的趋势。雄心勃勃的计划呈极为迅速地向下倾斜，在这两种情况下变暖峰值都在 1.6 ℃左右。当然，最成功的排放限制是低成本支柱技术，它的有效排放为零。但即使未来零排放，全球温度增加也接近于 1 ℃。

这些图中说明的一体化评估分析表明对下个世纪温度轨道产生重大的影响是何等困难，因为在经济和气候系统中有惯性。相对于基线，在 2100 年最优路径中全球中值温度降低 0.5 ℃左右。即使到 21 世纪中期，排放相对于基线减少 50%，全球温度变化也仍然至少在 2 ℃。只有雄心勃勃的计划，用现值 25 万亿到 34 万亿的巨额减排成本（全球产量的 1.2%—1.7%），才能在 2100 年前

表 5-8 根据政策预测的全球中值温度

政　　策	2005	2010	2025	2050	2100	2200
	（从 1900 年以来的温度增加，C 度）					
无控制						
推迟 250 年	0.73	0.96	1.20	1.82	3.06	5.30
推迟 50 年	0.73	0.96	1.20	1.81	2.72	3.52
最优	0.73	0.95	1.17	1.68	2.61	3.45
浓度限制						
限定于 $1.5 \times CO_2$	0.73	0.94	1.10	1.36	1.61	1.78
限定于 $2 \times CO_2$	0.73	0.95	1.16	1.67	2.48	2.84
限定于 $2.5 \times CO_2$	0.73	0.95	1.17	1.68	2.61	3.45
温度限制						
限定于 1.5 ℃	0.73	0.94	1.12	1.43	1.50	1.50
限定于 2 ℃	0.73	0.95	1.15	1.61	2.00	2.00
限定于 2.5 ℃	0.73	0.95	1.16	1.66	2.41	2.50
限定于 3 ℃	0.73	0.95	1.17	1.68	2.57	2.99
《京都议定书》						
有美国	0.73	0.96	1.18	1.76	2.94	5.23
无美国	0.73	0.96	1.20	1.81	3.05	5.29
加强的	0.73	0.95	1.17	1.66	2.39	3.26
《斯特恩报告》贴现	0.73	0.89	1.03	1.31	1.52	1.27
戈尔建议	0.73	0.95	1.14	1.42	1.49	1.58
低碳支柱	0.73	0.80	0.84	0.86	0.90	0.83

说明：相对于 1900 年平均水平的增加。

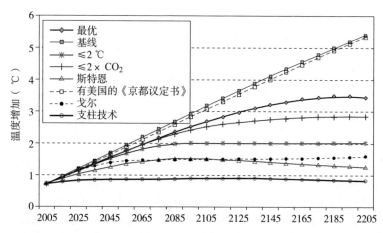

图 5-8 在不同政策下，预测的全球中值温度变化
相对于 1900 年平均水平的增加。

大大降低全球变暖。但是，在长期中有效的政策会产生更大的
影响。到 2020 年，相对于基线，最优路径，二氧化碳浓度加倍
限定，以及二氧化碳浓度 2.5 倍限定的温度下降分别是 1.85 ℃，
2.46 ℃和 2.8 ℃。

其他经济变量

模型包括了作为一体化评估分析部分的许多其他经济和环境
变量。图 5-9 说明了一组代表性方案的人均消费，而图 5-10 说明
了历史与预测的碳产量比率。

应该注意到有关趋势的两点。第一，模型假设未来几年中经

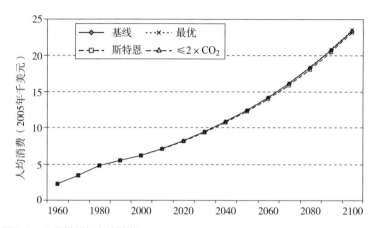

图 5-9 主要模拟的人均消费

在 DICE-2007 模型的预测中，人均消费的趋势强劲地增加。此外，在不同政策中消费水平实际上是难以分辨的。

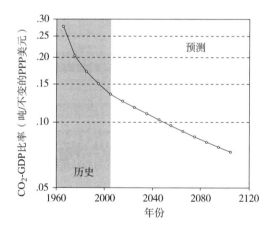

图 5-10 全球生产的碳含量，历史与预测，1965—2105 年

历史上的与 DICE 模型预测的全球产出的碳密度定义为每一不变价格单位的二氧化碳排放。由于这是对数标准，斜率是平均增长率。要注意在最近一些年中非碳化的比率（用负增长率衡量）减缓了。

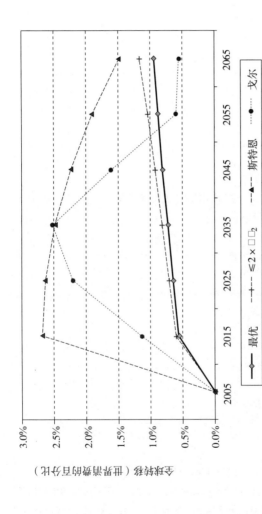

图 5-11 碳收入转移占世界消费的百分比

从消费者向生产者以及由于碳限制的纳税者的总转移。无论限制是用封顶与交易手段还是碳税来实施，这些都适用。转移支付等于碳价格乘以碳的使用量，而比例的分母是世界消费支出。

济持续迅速增长，尽管增长比过去 40 年略有放慢。在 1960—2000 年间全球人均消费（在各国之间 PPP 加权的）的平均增长率约为每年 2.5%。DICE 模型预测在 2000—2100 年是每年 1.3%。因此在 2105 年人均消费水平为 25000 美元，相比之下，2005 年是 6620 美元。这种增长将导致排放增加，但也提高了生活水平，并为应对全球变暖提供了资源。

　　DICE-2007 预测的第二个特点是，按基线预测非碳化率减缓，正如图 5-10 说明的。在 1965—2005 年期间估计二氧化碳与 GDP 比率每年下降 1.7%。但我们的分类预测中向低碳燃料的转向在减少，在有高二氧化碳与 GDP 比率的发展中国家所占的份额上升更多。这些趋势意味着在下个世纪二氧化碳与 GDP 比率每年只下降 0.6%。这种趋势对《京都议定书》有重要的含义，因为《京都议定书》只限制高收入国家。这也意味着，我们在过去半个世纪中享受的"免费"非碳化中的相当大部分可能在以后几年中无法实现。

　　此外，我们强调，在某些政策下收入再分配的规模是相当大的。图 5-11 说明了不同政策和时期碳收入转移占总消费的百分比。收入转移是从消费者转向生产者（如果许可证是分配给生产者）或者转向政府（如果通过有效的碳税进行限制）的总美元。收入再分配占世界消费相当大的一部分，特别是对雄心勃勃的政策而言。我们把这些数字放到本书最后一章中进行说明。

为什么从 1999 年以来估算的最优碳税增加了？

当前的 DICE 模型编制提供了最优税的估算，它比上一版的估算大了许多。在 1999 年的 RICE-DICE 模型中，2005 年最优碳税据估算是每吨碳 9.13 美元，而在现在这一版的估算每吨碳是 27.28 美元。是什么引起了这么大的差别？

正如前几章说明的，对比上一版的模型结构和数据产生了许多变化。每一种变化的影响是极为冗长的。但我们可以通过形成

表 5-9　DICE-2007 和 DICE-2009 主要假设和结果的比较

	变 量	DICE/RICE 2007	DICE-2007	百分比差别[*]
a	世界 GDP,（2005 年 10 亿美元） GDP 组成的变动：	30.52	55.58	60
	a1 通货膨胀			32
	a2 从 MER 到 PPP 的变化			29
	a3 预测误差加组成影响			−1
b	危害函数的变化			64
c	真实利率的变动			−27
d	温度敏感系数	2.90	3.00	3
e	因素的总和			100
f	碳税, 2005 年（每吨碳美元）	9.13	27.28	109

说明：DICE-2007 模型中碳税的主要决定因素与 DICE/RICE-1999 模型中比较的估算。

[*] 百分比差别是按自然对数。因此，1 与 1.1 的差别 = ln（1.1）=0.095=9.5%，而 1 与 2 的差别 = ln（2）=0.693=69.3%。用对数百分比的优点是差别因素总和加起来就正好等于总量。

最优碳税极为简单化的接近值来走捷径。在高度简单化假设之下，最优碳税与（$Z \times TSC \times Y$）R 是同比例的，这里 Z 是在 3 ℃时危害对产量的比率，TSC 是温度敏感系数，Y 是世界产量，而 R 是平均贴现因子。[1]

表 5-9 说明了最优碳税正常值增加的主要因素。我们用对数百分比表示变动，即两个数字自然对数之间的百分比差别。对数百分比与小数字的正常百分比变动相同。不同于一般的百分比变动，它具有可以相加的优点，因此对数因子的总和等于总量。

正如表底部的一行所说明的，在现在这一版 2005 年的最优碳税高于 1999 年估算的 2.99 倍，即 109% 的对数差，正如 a 行表明的，碳税增加的主要原因是按正常价格世界产量比前一次估算增加了 60%。世界产量的上升有两个来源。如 a1 行所示，第一个是造成世界产量增加的 32% 的通货膨胀，这就是说，仅仅是因为从 1990 年价格涨到 2005 年价格。如 a2 行所示，第二个更令人惊讶的来源是将产量的衡量指标从市场交换率（MER）变为购买力平价（PPP）汇率，这引起估算的世界产量 29% 的变动。这种变化反映了一个事实，即早期 MER 基础的估算实际上低估了危害函数适用的收入水平。A3 所示的最后（极小）项是个别国家预测误差（实际减预期的）与构成因素的组合，它从世界产量中减去了 1%。

对这种增加的第二个贡献来自危害函数的变化，正如 b 行所

---

[1]　这个简化版本是从笔者另一本书（Nordhaus，1991）中的方程式（9）中推导出来的。因为捷径的导出作了许多简化的假设，所以这仅仅是一个近似。

示，它对碳税贡献了 64%。这种增加的出现主要是因为新的 DICE 模型以较低的升温速率降低了某些地区预计的变暖的经济利益。这种差别见图 3-3。

如 c 行所示，在 20 年期间贴现的因素对高税碳贡献了 -27%。贴现率负贡献的产生是因为我们在现在的模型编制运算中提高了对物品真实收益的估算。如 d 行所示，最后一个因素是温度敏感系数，它略微提高了，并对简化模型中碳税的增加贡献了 3%。

如 e 行所示，这四个因素的总和计为对数百分比的 100%。相对于 DICE/RICE-1999，这与 DICE-2007 模型所估算的碳税增加了 109%。我们并不打算进一步分解两个 DICE 模型估算之间的差别。

总之，自从上一轮估算以来，估算的最优正常碳税有大幅的增加。约四分之一是由于通货膨胀，四分之一是由于变为 PPP 产量基础引起的，而余额主要是由于更高的危害函数。其他因素加起来的影响接近于零。

第 6 章 |

参与经济学

分析的背景

像全球变暖这样的公共事件的重要特点之一是采取减缓危害措施的原因完全不同。差别反映了对危害、收入水平、政治结构、环境态度以及国家规模的不同看法。例如，俄罗斯可能认为，它至少从有限的变暖中可以获益，而印度可能认为，它会遭受相当大的损失。《气候变化框架公约》(它只要求高收入国家参与)与《京都议定书》(它在原则上不包括主要的发展中国家，实际上也不包括美国)表明，政策的现实分析必须考虑到在国际协议中不同国家或区域的参与率。因此，没有某种机制吸引各方参与，全球模型就缺乏国家差异化战略的重要内容。

模型编制差异化参与的标准方法就分解到决策者层面，在这种情况下主要是国家层面，也可能是像美国各州一样次级层面。DICE/RICE 模型的早期版本考察了多个地区，并分析了差异化参与和政策的影响。

现在的版本引进了参与函数。这就允许一部分国家以一个协调一致的方式减排，以及另一部分国家不进行减排同时存在于模型中。由于 DICE 模型中减排成本方程式的函数形式，我们就得出了一个不完全（但协调）参与的准确数学表述。这个新的规定考虑到像《京都议定书》这样结构不同集团的影响估算。

我们首先说明参与函数的代数推导。假设只有一部分国家参与气候协定，即这一组国家的排放量只有一部分等于 $\varphi(t)$。为便于说明，假设参与者的排放产出比率等于非参与者的排放产出比率。把参与者的控制率定义为 $\mu^P(t)$，而非参与者的控制率是 $\mu^{NP}(t) = 0$。模型的关键部分是排放的边际成本在参与者中是相等的，比如说通过排放交易。然后参与者的减排成本 $\Psi^P(t)$，以及总成本 $\Psi(t)$ 是由下式给出的：

$$\Psi(t) = \Psi^P(t) = Q^P(t)\,\theta_1(t)\,\mu^P(t)^{\theta_2}$$

在这里，$Q^P(t)$，$Q^{NP}(t)$ 和 $Q(t)$ 是参与者和不参与者的产量水平和全球总量，而 $\theta_1(t)$ 和 θ_2 是减排成本函数的参数（参看附录关于变量的定义）。整个控制率就由下式得出：

$$\mu(t) = \mu^P(t)\,\varphi(t)$$

替代并回想 $Q^P(t) = Q(t)\,\varphi(t)$，我们得出：

$$\Psi(t) = \{Q(t)\,\varphi(t)\}\,\theta_1(t)\,\{\mu(t)/\varphi(t)\}^{\theta_2}$$
$$= Q(t)\,\theta_1(t)\,\mu(t)^{\theta_2}\varphi(t)^{1-\theta_2}$$

这与一个完全的参与减排成本函数 $\Psi(t) = Q(t) \theta_1(t) \mu(t)^{\theta_2}$ 相比较，在不完全参与时，一个既定全球控制率的减排成本增加 $\pi(t) = \varphi(t)^{1-\theta_2}$ 的倍数，在这里 $\pi(t)$ 是"参与成本增加"。存在由于不参与引起的无效率；无效率是参数 $(\theta_2 - 1)$ 的指数函数，它代表减排边际成本函数的凸面。如果边际成本不变（这使它没有经济意义），参数 $(\theta_2 - 1)$ 是零，而且也没有不完全参与的惩罚。另一方面，如果随着减排越来越多，边际成本函数是上升的（实际上可以在所有研究中发现），而且 $(\theta_2 - 1) > 0$，特别是如果它是凸出的（正如大多数经验成本研究所得出的），那么，不完全参与就是成本高昂的。[1]

应　用

我们用三个例子来说明参与对一种政策的效率有多重要。从《京都议定书》的例子开始。我们分析的主要结论是，考虑到高成本与低回报，《京都议定书》是昂贵而无效率的方法。我们可以用参与函数说明原因，它用于《京都议定书》的模型编制中。

附录 1 的国家，包括美国在内，在 1990 年要对全球 66% 的二

---

[1] 虽然 DICE 模式减排成本函数的形式对不参与的成本得出了一个简单的解，但关键假设是实际上分成一致参与和非参与地区。正如书中假设和看到的，即使函数的形式不是线性的，如果假设国家和行业是分开的，基本关系也是类似的，并取决于在相关范围内凸向的平均程度。

氧化碳排放负责任。我们估算出成本函数的指数是 $\theta_2 = 2.8$。在 66% 的参与率下，不完全参与的成本是完全参与时成本的 $(0.66)^{-1.8} = 2.1$ 倍（在这里完全参与和全球交易相同）。[1] 但是，到 2010 年，参与率（由于美国退出和发展中国家份额增加）据估算是 33% 左右。不完全参与的全球减排成本是完全参与的 $(0.33)^{-1.8} = 7.4$ 倍。

另一个例子是最优政策如何取决于参与率。对这个试验，我们允许参与率外生地从 0 到 100% 之间变动。为便于参考，初始的《京都议定书》覆盖了 1990 年排放的 66% 左右，据估算现在的《京都议定书》覆盖了 2010 年排放的 33%。在最优政策下，全球平均碳税和控制率会随着参与减少而下降。对这个试验，我们根据外生参与率来最优化碳排放、全球碳税和排放控制率。

图 6-1 说明了 2015 年最优全球碳税是参与率的一个函数。100% 的参与的最优碳税是每吨 42 美元（表 5-4 所表示的值）。但要注意，相同的全球碳税的下降幅度超过了参与比例，因为成本函数的凸形。图 6-2 说明了不完全参与产生的福祉损失。这个结果又说明了完全参与的重要性。即使政策的设计与执行是完全有效的。如果参与不完全，潜在的收益也会有相当一大部分损失。

第三种运用是问如何接近我们可以得到有一座把排放控制限于主要国家大厦的全球最优。这个建议是根据布什政府 2007 年 5

---

[1] 　许多分解的模型比较了不完全参与的成本和这里概括的全球交易。估算一般在完全参与成本的 2.1 到 4.1 倍，这取决于模型、分解与时间范围。参看 Weyant 和 Hill 1999 的一个讨论。

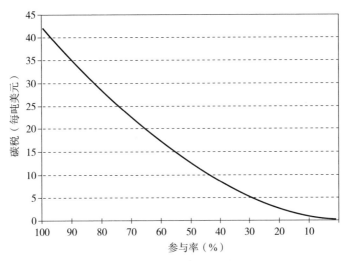

图 6-1　作为参与率的函数的 2015 年全球平均碳税

这些特殊的作法计算了作为全球参与率函数的最优政策。这个图说明，2015年全球平均碳税如何随参与率而变动。参与者的碳税实际上随参与率的变动而不变。

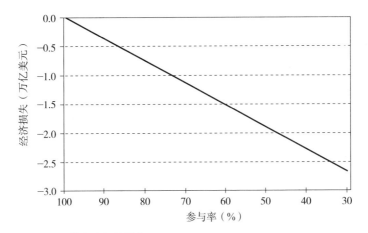

图 6-2　不参与的经济福祉损失

月建议的某些内容的精神，在这个建议中提出了在 10 到 15 个主要排放国家达到一项关于气候变化的协议。[1] 我们计算了将政策范围限制在一部分国家产生的成本惩罚。用以前形成的方式，我们可以计算有限参与达到一项政策的成本到普遍参与成本的比率。表 6-1 说明了计算的结果。为此，我们用不变的 2004 年排放来估算不参与的成本。我们的估算是，对这些大国而言，只要把一些发展中国家包括在内，以后几十年间在全球排放中大国的份额就是比较稳定的。

　　根据我们的估算，五大排放国（美国、中国、俄罗斯、印度和德国）的有限参与覆盖了全球排放的一半略多一点。成本惩罚是 3 倍左右。这表明，达到温度或浓度稳定这样的气候目标，如果协议限于五大排放国，成本将是三倍。如果包括欧盟和九大排放国（包括四个大的非欧洲国家加巴西、加拿大、日本、墨西哥和南非），使协议覆盖了排放的 75%，这将导致 68% 的成本惩罚。

---

[1]　这种方法以前 Robert Stavins 独立向笔者建议过，相关讨论也包含在 Aldy、Barrent、和 Stavins 2003 中。布什的建议是 2007 年在白宫提出的。布什最初的说明如下："建议把世界顶级的温室气体排放者和能源消费者团结在一起。在创造一个新的框架的过程中，主要排放者共同努力，建立起一种减少温室气体的全球目标。每个国家可以根据国家的环境建立自己雄心勃勃的中期国家目标和努力达到这个排放目标。它们将通过评估每个国家的成绩来确保自身向全球目标迈进。"这是一种长期志向的目标，由议会环境质量委员会主席 Jim Connaughton 所说明。

表 6-1 大国有限参与的惩罚

A. 全球排放的比例	
五大国	0.528
四大国加西欧	0.632
所有主要国家（欧盟加九大国）	0.749
B. 成本惩罚（完全参与的比率）	
五大国	3.16
四大国加西欧	2.29
所有主要国家（欧盟加九大国）	1.68

说明：五大国是美国、中国、俄罗斯、印度和德国。四大国是美国、中国、俄罗斯和印度。西欧只包括欧盟成员的西欧国家。九大国包括四大国加巴西、加拿大、日本、墨西哥和南非。表 A 部分说明来自不同集团 2005 年全球二氧化碳排放的比率。B 部分说明其参与相关的成本惩罚。例如，如果只包括五大国，这会包括排放的 53%，而且对实现全球减排目标的成本惩罚为 3.16 倍。

　　所有这些试验都强调了一个观点，对于像通过减排减缓全球变暖这样一个全球公共产品，实现更高水平的参与是重要的。最后的试验说明，主要国家或集团可以朝着完全参与的目的迈出实质性的一步。

第7章 |
应对气候变化政策中的不确定性

不确定性的基本背景

行为研究反复说明，人们高估了自己对世界的了解。人们不仅低估了可能的结果范围，而且往往会忘记他们没有想到的力量或者不知道的力量，这些就打乱了他们的计划或预期。在分析性研究诸如分析 DICE 模型的计算方法时，就会产生过度自信的问题。在这些模型中，结果显得极其准确而又包含许多重要的数字。但我们对模型编制的结果能有多信任呢？不确定性对气候变化政策的含义是什么呢？在本章中我们将讨论这一主题。

我们说的不确定性指什么呢？在现在的情况下，我们对复杂系统的理解还不够充分，也不确定未来系统将如何演进。不确定性建立在不完全了解外在变量与系统本身的基础上。首先，存在外部的或外生的力量（例如，人口或温室气体浓度），对过去我们可以衡量，即使衡量是不完全的，但对未来只能有错误的预测。其次，自然和社会的系统受外生影响并生成重要的变量，例如，产出、排放、气候变化以及影响。这些方程式的形式以及它们的参数我们并不完全了解，而且在某些情况下，根本难以知道。

我们可以通过假设所有这些系统都由一个（潜在极大的）参数数字代表来简单化。这些参数可以是人口、温度敏感度、生物圈中碳的数量、可更新资源的技术变化率，等等。不确定性分析的目的首先是确定一组容易控制的要研究的参数；其次，估算每一个重要参数的潜在分布；第三，估算参数不确定性对重要问题的影响。对于 DICE 模型，我们最初把气候—经济系统简化为 17 个重要的方程式和 44 个重要的参数。在这一章，我们进一步把分析限于八个主要的不确定性。

我们应该暂停一下来说明这里所用的概率的性质。这些并不是"客观的"或"频繁出现的"概率，例如可以从对股票市场收益或死亡率长期系列中得出的。确切地说，它们是"主观的"或"判断性的"概率，来源于弗朗克·拉姆齐（Frank Ramsey）（1931 年）和 L. J. 萨瓦奇（L. J. Savage）（1954 年）所发展的方法。判断性概率是个人认为的并根据正规或非正规对现象的推理，而不仅仅是根据所观察到的事件。

在气候变化分析中使用判断性概率一般是必要的，因为对涉及的参数的基本评估只有有限的，或者根本没有历史数据。例如，我们不能从历史数据中估算全球温度上升 3 ℃时的经济影响，因为在人类社会的历史记录中还没有出现过类似的全球变化。也没有一种单独的方法论可以确定判断性概率；研究者依靠各种技术，包括个人判断、赌博市场、专家概述，以及可供选择的模型或理论的比较，提供构成分布的基础信息。

日益增加的文献研究了气候变化不确定性的影响。这种分析有三种主要目的：第一，我们想简单地了解主要变量未来如何不确定；第二，我们想考察不确定性对气候变化政策的意义；最后，我们可以考虑这两者对我们关于经济与自然系统的预测和政策的影响。在这一章中，我们只研究前两个。然后我们用一些对潜在灾难性结果的思考来作出结论。

估算的技术背景

在进行系统的不确定性分析时，第一步是确定在许多可能的不确定性中我们希望研究哪一种。根据早期用 DICE 模型的研究，以及其他学者的研究，我们在 DICE 模型中选了八个主要参数进行进一步研究：关于全要素生产率的增长率，非碳化率，人口增长率，支柱技术的成本，危害—产量系数，大气中二氧化碳存留的比率，温度敏感系数，以及化石燃料可获得总量的不确定性。早期的研究说明，这些参数对结果和政策的影响最大。

对每一个参数，我们根据科学或经济的不确定性估算参数的主观概率分布。表 7-1 总结了关于不确定参数的假设。应该强调的是，这些分布的确是判断性的并由作者做出估算。其他研究者和其他研究也做出了与这些参数值的不同估算。

我们说明了对温度敏感度参数（TSP）不确定性的估算。一组
重要的 TSP 估算来自 IPCC 第四份评估报告（IPCC 2007b）评论
的不同模型。这份报告说明，16 份不同大气—海洋总体循环模型
（AOGCMs）的平均 TSP 是 3.3 ℃，标准差是 0.7 ℃（IPCC 2007b
第 631 页）。我们还用 DICE 气候模型的规定以及关于二氧化碳、
其他影响因素与全球中值温度的历史数据考察了时间—序列估
算，得出了 TSP 是 2.1 ℃的估算，系数的标准差为 0.53 ℃。结合
这些似然函数，我们得出一个联合估算的均值为 2.8 ℃，标准差为
0.5 ℃。这个联合估算值相当接近 IPCC 中心估算的 3 ℃。对不确
定性的运算，我们根据模型和经验估算，有可能低估不确定而把
结合的标准差加倍。这个程序得出了表 7-1 所表示的数字。以下我
们讨论各种可供选择的估算，在这里，分布并不是正态的。

我们用随机提取的八个参数对 DICE 模型进行 100 次运算，
在这里假设不确定变量独立地分布，并有正态概率分布，而且我
们挑出有错误信号的参数。我们假设正态分布主要是因为我们完
全了解它们的性质。我们承认，有相当多的理由偏爱一些变量的
其他分布，特别是扭曲的或有"肥尾"的变量，但在这个阶段引
入其他分布是高度投机性的，而且是比我们这里进行的有限分析
更为雄心勃勃的题目，对这种分析，正态分布就够了。

我们以下说明分析不确定性估算。在这些计算中，我们预测
基线（没有控制）的主要变量，假设不确定变量可以取一组既定
的值（在这种说明中的符号与本书其他部分的符号略有差别）。设

表 7-1 在不确定性处理中不确定参数的主要假设

变 量	定 义	单 位	中 值	标准差
g（TEP）	全要素生产率的增长率	每年	0.00092	0.0040
g（CO$_2$/GDP）	非碳化率	每年	−0.007	0.002
T$_2$×CO$_2$	均衡温度敏感系数	每 CO$_2$ 加倍 C°	3.00	1.11
DamCoeff	危害系数（危害方程式的截距）	全球产量的比率	0.0028	0.0013
P（back）	支柱技术的价格	取代每吨碳的美元	1170	468
Pop	渐近的全球人口	百万	8600	1892
CarCyc	碳循环中的转移系数	每 10 年	0.189	0.017
Fosslim	化石燃料总资源	10 亿吨碳	6000	1200

说明：这一章所用的不确定参数的中值和标准差。关于参数标准差的详细讨论，参看 "DICE-2007 模型相随的说明与文件"（诺德豪斯 2007a）。

y_t 是内生变量（产量、排放等等），z_t 是外生的且非随机的变量（其他温室气体，土地使用的排放等等），以及 $\theta = [\theta_1, \cdots\cdots\theta_8]$ 是八个不确定参数（全要素生产率的增长率，人口增长等等）。然后我们可以用下式的图表代表 DICE 模型的结构：

$$(7.1) \quad y_t = H(z_t; \theta)$$

这里，$H(z_t; \theta)$ 代表 DICE 模型的结构。

前几章中假设，不确定参数采取了它们的预期值，$\theta^* = E(\theta)$。在这一章中我们假设，不确定参数是正态分布，$\theta \approx N(\theta^*, \sigma_t)$，用中值 $= \theta^*$，以及估算的或主观的标准差 $= \sigma_t$。对不确定的运算，我们从它们的分布中随机取出八个不确定参数，得出具体化 $\theta^{(i)} = [\theta_1^{(i)} \cdots\cdots\theta_8^{(i)}]$，$i = 1, \cdots\cdots, 100$。然后我们用每一具体化运算 DICE 模型，得出 100 次随机运算：

$$(7.2) \quad y_t^{(i)} = H(z_t; \theta^{(i)})$$

然后我们计算 100 次随机运算的结果分布。注意这里所说的运算和前几章的运算之间有一点差别，因为我们为了便于计算略微简化了模型。

不同的不确定性的重要性

我们从计算不同不确定变量对 DICE 模型结果的影响开始。

表 7-2 2005 年碳社会成本的不确定性结果

Sigma	不同不确定参数时 SCC 的值（在 2005 年每吨碳 2005 年美元）								概率（x > x*）	
	g(TEP)	g(CO$_2$/GDP)	T$_2$×CO$_2$	DamCoeff	P(back)	Pop	CarCyc	Fosslim	Normal	t(5)
0	28.10	28.10	28.10	28.10	28.10	28.10	28.10	28.10	0.5000	0.5000
1	36.07	28.27	38.07	40.99	28.10	32.14	29.16	28.10	0.1587	0.2047
2	48.08	28.43	46.44	53.89	28.10	35.91	30.32	28.10	0.0228	0.0579
3	51.21	28.60	53.49	66.80	28.10	39.44	31.61	28.10	0.0013	0.0169
4	54.68	28.76	59.47	79.73	28.10	42.75	33.04	28.10	3.17 E-05	0.0057
5	58.52	28.92	64.59	92.66	28.10	45.84	34.62	28.10	2.87 E-07	0.0022
6	62.80	29.09	69.03	105.61	28.11	48.75	36.39	28.10	9.87 E-10	0.0010

说明：所说的是对参数的中值以及中值中加在"标准差"栏中标准差来表示数字的社会成本值。每一栏说明只有一列出的参数变动时的结果，而让所有其他参数处于中值的值。我们可以接碳的社会成本增加的方向改变参数。例如，如果危害系数是一个高于它中值的标准差，那么，碳的社会成本就是每吨碳 40.99 美元，而不是在中值时的每吨碳 28.10 美元。

关键变量：

Sigma=与中值中值的标准差数字；g（TEP）=全要素生产率增长；g（CO$_2$/GDP）=非碳化率；T$_2$ × CO$_2$=温度敏感系数；危害系数=危害函数的截距；P（back）=支柱技术的价距；Pop=渐近的人口；CarCyc=碳循环中大气的比例；Prob（x > x*）=超过正常有 5 自由度学者分布的 Sigma 水平的概率；Fosslim=碳燃料的资源丰裕程度。

表7-3 2100年全球碳排放的不确定性结果

Sigma	2100年不同不确定参数时全球二氧化碳排放（每年10亿吨）								概率（x > x*）	
	g(TEP)	g(CO₂/GDP)	T₂×CO₂	DamCoeff	P(back)	Pop	CarCyc	Fosslim	Normal	t(5)
0	19.08	19.08	19.08	19.08	19.08	19.08	19.08	19.08	0.5000	0.5000
1	30.99	21.95	19.18	19.18	19.08	22.84	19.08	19.08	0.1587	0.2047
2	50.19	25.19	19.28	19.28	19.08	26.42	19.09	19.08	0.0228	0.0579
3	78.20	28.83	19.38	19.38	19.08	29.84	19.10	19.08	0.0013	0.0169
4	103.92	32.91	19.48	19.48	19.08	33.06	19.10	19.08	3.17 E-05	0.0057
5	65.19	37.36	19.59	19.59	19.07	36.08	19.10	19.08	2.87 E-07	0.0022
6	24.61	42.22	19.70	19.70	19.07	38.90	19.11	19.08	9.87 E-10	0.0010

说明：2100年对参数中值和中值加Sigma乘以Sigma栏以中值中标准差的数字估算的二氧化碳排放。每一栏都表示只有列出的参数变动的结果，而假设所有其他参数都在它们的中值。例如，如果全要素生产率高于其中值的两倍标准差，那么，估算的排放就是每年502亿吨，而不是基线预测的191亿吨。注意对生产率增长率其中的高Sigma是因为到2100年化石燃料接近耗尽。

关键变量：

Sigma=与中值的标准差数字；

$T_2 \times CO_2$ = 温度敏感系数；DamCoeff = 危害函数的系数；P(back) = 支柱技术的截距；Pop = 渐近的人口；CarCyc = 碳循环中大气的比例；Fosslim = 化石燃料的比例，nc > 不计算；

g(TEP) = 全要素生产率增长；g(CO₂/GDP) = 非碳化率；Prob(x > x*) = 超过正常有5自由度学者分布的Sigma水平值的值的概率。

对这些试验，我们采用基线运算，然后改变每一个不确定参数。我们考察从正态标准差-6到正态标准差6范围的值的网格。表7-1与表7-2说明了两种主要变量计算：2005年碳的社会成本与2100年的全球二氧化碳排放。每一个表都说明了不确定变量的结果变量，其变化范围从中值到中值加表中第一列表示的正态标准分布的标准差的倍数。我们仅说明一个方向的影响，这样结果是充分线性的，可以准确表现出这一模式。

最后两列提供了相关的概率范围，这种概率说明了一个参数可能还是不可能给我们关于参数的相关知识，更为准确的是，这些列说明了在假设的正态分布和一种 t 分布时，不确定变量至少远离中心值的概率。例如，正态变量偏离中值至少3倍标准差的概率是0.0013。同样，如果变量是正态分布，这些偏离值超过5个标准差的概率是 3×10^{-7}。此外，我们说明了正如在（±）5时对 t 分布的 P 值有5级自由度。如果我们观察的是小样本且关于参数没有其他有用的信息估算参数，这种分布就是适用的。对 t（5）的分布，这是一种"中值肥尾分布"，5倍标准差的概率是0.0022。

在图7-1中我们还说明了不同参数的不确定性对1900年到2100年之间全球温度增加的影响。这个图说明，支柱技术的成本，危害系数以及化石燃料资源限制对全球温度增加的不确定是不重要的。不重要性用这些变量的水平线来表示，它说明，即使超过6个标准差，对2100年的温度增加也没有可察觉的影响。

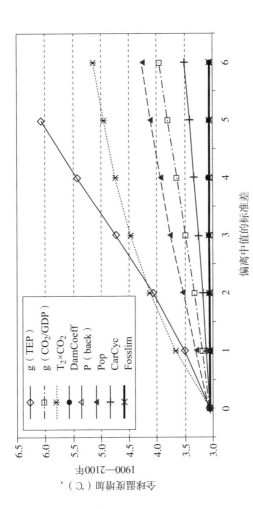

图 7-1 作为不确参数函数的全球温度增加

本图所示为在横轴表示的每个参数的中值和在既定标准差数时估算的 1900 年到 2100 年全球中值温度增加。

关键变量(详细的定义,参看表 7-1):g(TEP)＝全要素生产率增加;g(CO₂/GDP)＝非碳化率;T₂×CO₂＝温度敏感系数;DamCoeff＝危害函数的截距;P(back)＝支柱技术的价格;Pop＝渐进的人口;CarCyc＝在碳循环中大气的比例;Fosslim＝碳燃料的资源丰裕度。

对气候结果非常重要的不确定变量是全要素生产率增长。原因是全要素生产率是长期经济增长的主要驱动力，从而也是气候变化的主要驱动力。因此，生产率是最重要的不确定变量。第二个最重要的变量并不令人惊讶，是温度敏感系数。适度重要的变量是人口增长、非碳化率以及碳循环。

从参数计算可以得出两个主要的观点。第一，对未来的预测的确有非常大的不确定性。最重要的不确定性围绕着生产率增长以及温度敏感系数、人口增长，而非碳化率是次重要的。第二，不确定性看来在它们的不确定水平上是线性的，换句话说，在参数中 2K 标准差变动的影响一般接近于参数中 1K 标准差变动的两倍。例外情况出现在临界点上，例如当支柱价格接近于零，或者当化石燃料耗尽时。

运　用

我们下面考察所有不确定变量放在一起的影响。由于变量之间的相互作用以及 DICE 模型的非线性，这些可能会引起不可预期的结果。

第一步是把所有不确定综合起来估算 DICE 模型中预测的不确定性。图 7-2 和图 7-3 说明了从这种试验中得出的两个结果。图 7-2 说明，从现在到 2155 年全球中值温度增加的不确定性波段。图形说明了最有可能的结果（这是前几章中分析的确定性的当量）

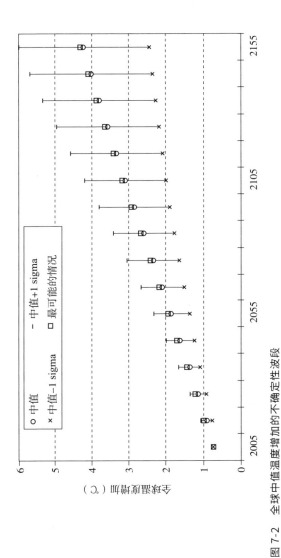

图 7-2 全球中值温度增加的不确定性波段

DICE 模型不确定性运算引起的 100 次随机运算的温度变化分布。这个图说明，100 次运算的中值，确定性当量（最可能的），以及中值加和减运行的一个标准差。

和 100 次运算的中值以及中值加和减一个标准差（两个标准差范围）。对于正常变量，图中表示的两个标准差范围将覆盖可能结果的 68% 左右。这些模拟表明，对从 1900 年到 2155 年温度增加 68% 的可信范围在 2.5 ℃ 和 6.0 ℃ 之间。这种不确定性显然是极大的。

图 7-3 说明根据基线计算中随机抽取产生的碳的社会成本（SCC）的估计值。从目前（2005 年）碳的社会成本，我们可以看出，中值估算（每吨 26.85 美元）略低于最有可能的估算（每吨 28.10 美元）。这一重要的发现表明，确定性当量模型的估算极

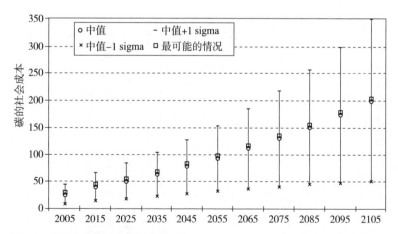

图 7-3　碳的社会成本的不确定性波段
在未来不同时期的碳社会成本的不确定性波段。柱中心的方形与圆形分别代表 SCC 确定性的当量与 100 次运算的中值 SCC。参看图 7-2 表示的说明。

为接近不确定性模型的估算。[1] 第二个发现是，2005 年 SCC 的 2 倍的标准差范围（中值加和减一个标准差）是每吨碳 9.62 美元到 44.09 美元。我们在第 3 章（参看图 3-2）中说明了这种同样程序引起的全球二氧化碳排放基线的不确定范围。

为了检验正态分布假设的主观显著性，我们进一步用温度敏感系数（TSC）的一种可供选择的分布进行一组运算。我们用以上说明的 TSC 时间—序列估算生成的似然函数进行运算。对于这些估算，似然函数的确是渐进的（向右倾斜）。我们采用与原来 TSC 不确定性运算中的分布相同的中值和标准差，但分布是不对称的，另一个分布对似然函数进行调整。然后我们根据增加的 100 次运算来重新估算所有结果变量。在这种替代选择中，大多数变量的分布有极小的变化。但是，由于 TSC 的倾斜性和危害函数的非线性，危害的平均水平高了。因此，基线中碳的社会成本也高出 1% 左右。虽然这些结果难以确定，但它们表明，只要中值与标准差估算正确，为与非正态分析一致而调整系数对结果只有微不足道

[1]　这个预期值与最好猜测结果之间的结果不同于许多早期研究。主要原因是类似研究中发现的非线性，但本书中并没有，因为以前的研究往往包括了利率和时间偏好率的不确定性。按作者的看法，在这个内容中有一些不适宜的不确定变量，因为他们是内生的（如利率）或一个嗜好变量（如时间偏好），而不是技术和自然的不确定性。在这里提出的不确定性运算中，物品的长期真实利率有相当大的不确定性，这反映了人均消费增长的不确定性。因此，关于利率不确定性的决定因素已经隐含在其中了。偏好的不确定性是另一件事。对时间贴现率这类偏好并没有明显的解释，而且由于这个原因，排除了偏好的不确定性。在一个决策、理论框架中要包括不确定就需要求某种不同嗜好结果的评价标准。

的影响。

对这些结果适当的解释是什么呢？它们不应该被解释为自然本身服从于大量的随机力量。相反，适当的解释是，我们对遥远的未来自然力的了解是极为有限的。这些结果说明，我们可以合理地相信（大体上有三分之二的机会），变量的实际路径在图中所表示的范围之内，但根据现在的信息（至少是作者的估计），我们无法改善这些预测的准确性。随着科学、经济学的发展，以及监测和时间的推移，未来一些年这些不确定性会缩小。

对剧烈气候变化的结果应该有风险贴水吗？

不确定性运算的进一步运用是研究剧烈气候变化结果的风险性质这个重要问题。这里的问题是，在剧烈气候变化情况下，经济体是否应该规避风险。乍一看，回答显然是肯定的。剧烈气候变化情境下——温度变化是 3 ℃、4 ℃或 5 ℃，而且潜在的主要危害门槛出现——我们似乎应该支付高保险贴水。毕竟这种情况相当于我们的许多房子着火了。为了避免这种情况，我们会支付高额风险贴水。

我们进一步思考，回答就不太简单了。现代风险与保险理论认为，不同结果的风险贴水由世界不同国家风险与消费的关系决定。这种方法称为消费—资本—资产定价模型（CCAPM），看世界上保险贴水的基本决定，在世界上所有偶然事件都可以保险而且各种类型风险都有保险市场。[1] 如果当我们比较贫穷时，有不利的结果出现，那么，情况就具有有害的风险特点并要求风险贴水。因此，如果在我们的房子被烧毁时我们比较穷（与我们住房完好时相比，这看来是明显的情况），我们应该为火灾保险支付风险贴水。但如果事情只发生在我们已经富裕时，例如某人从我们住了20年的房子里偷走了一幅10亿美元油画的风险，那么我们并不建议今天为这个事件保险支付保险贴水。

因此，为了决定对剧烈气候变化情况是不是有重要的风险贴水，我们需要知道剧烈气候变化结果出现在我们较富裕时还是较贫穷时。我们需要一种使不确定性结果与提供相应的消费水平一般均衡的模型，这正是 DICE 模型的运算所做的。假定剧烈气候变化只发生在我们富裕，从而特别有能力承担风险的时候。在这种情况下，我们一般就不想通过为在高收入、剧烈气候变化结果时减少风险支付大量保险贴水，而进行从低收入结果到高收入结果的再分配收入。

因此对我们该不该对坏的气候结果支付风险贴水就取决于我们的收入（或者从技术上讲，消费的边际效用）与气候变化的相关性。我们可以通过考察对 100 次随机运算这些变量之间的相关性来研究这种关系。图 7-4 说明了对 2105 年 100 次运算的人均消费与温度上升图，但类似的点对其他年份也是成立的。这里令人

---

[1] 参看 Merton 1969。

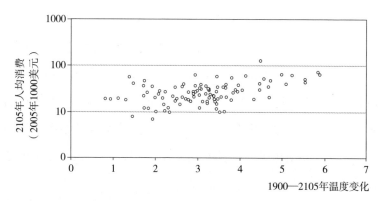

图 7-4　2105 年温度变化和消费
纵轴表示，100 次随机运算预测的 2105 年人均消费。横轴表示与每一次运算相关的温度变化。结果表明，剧烈气候变化方案是一个有人均高消费水平的方案。

惊讶的结果是，剧烈气候变化结果与消费是正相关的。这就意味着，剧烈气候变化结果与消费的边际效用是负相关（因为随着消费增加，消费的边际效用递减）。这些全球温度增加特别高的国家也是未来平均更富有的国家。这就得出了一个矛盾的结果，对剧烈气候变化结果实际上有一种负的风险贴水。

　　产生这种令人惊讶的结果的原因是，在我们不确定性的运算中引起不同气候结果的主要因素是不同的技术变化。根据表 7-1 中不确定分析参数所示，据估算全要素生产率增长的不确定性是每年 0.4%，这就导致在一个世纪中不确定性两倍的标准差为 2.2，而在两个世纪中为 4.9。在我们的估算中，生产率的不确定性超过了气候系统以及决定温度变化与消费之间关系的危害函数的不确定性。

这个结果显然取决于对不同参数不确定性的估算，而且应该用不同的模型来估算。但主要观点是，我们不能简单鹦鹉学舌地说，"坏的气候，高的风险贴水"。风险贴水的规模和信号取决于风险的来源。这里可以看到的负的风险贴水提醒我们，应该根据决定风险贴水的一个完全模型来评估不同方案的风险性，而且在局部均衡框架中看坏情况，就缺少了首先决定不确定性和坏情况的问题。

我们可以通过把随机运算分为 2100 年最高温度增加（"剧烈气候变化"）50 次运算一组与最低温度增加（"轻度气候变化"）50 次运算一组来说明这一点。剧烈气候变化在 2100 年平均温度增加 3.9 ℃，而轻度气候变化情况平均温度增加 2.5 ℃。在剧烈的情况时，气候危害是 GDP 的 4.4%，而在轻度的情况时，为产量的1.6%，平均危害占产量的 3.0%。

我们可能会认为，由于对剧烈气候变化情况前景的风险厌恶态度，应该增加 3%。但这种推理是不正确的。预测中世界在剧烈气候变化情况下比轻度气候变化情况下更富裕；在随机运算中，剧烈气候变化情况下人均消费高 40%。用我们假设的效用函数，在剧烈的情况时消费的边际效用约为轻度的情况的一半（这不同于从次样本平均计算中得出的结果，因为是非线性的）。如果我们用所有情况的消费边际效用加权危害率，那么，边际效用加权的平均危害率就不等于产量 3% 的平均率，或许有一些高的数字，但不会高于产量的 2.1%。换句话说，风险加权的危害率低于肯定等量的危害率。

　　应该强调的是，这种不需要复杂的计算并不是进行风险分析值得推荐的方法。合适的方法是回到基点，并考虑到整个不确定性范围而把效用的预期值最大化。例如，如果我们想知道碳的预期社会成本，我们就不用对分布的某些风险贴水，而应该看图 7-3 之后的计算，这种计算表明 SCC 的预期值实际上低于确定的等量。这种结果的原因类似于有明显的负风险贴水的原因。主要的一点是，走这种把风险贴水运用于结果的捷径计算可能得出错误的结果，除非对不确定性的原因有全面的评估。

　　一个生活化的比喻可以讲清楚这个悖论。假设在未来低经济增长的情况下，我们住在洞穴里，而在未来高经济增长的情况下，我们住在有四间房的宽敞公寓里。由于全球变暖与高增长的结果相关，我们四间公寓的一间被烧了，而在低增长情况下，我们的洞穴仍然未受损害。我们今天应该支付什么样的风险贴水来弥补在高增长、高损失情况下我们公寓的高危害？考虑到今天的成本对低增长时洞穴状态的效用有较大影响，而并不影响我们在洞穴结果下的遮风避雨时，我们建议应该接受四间宽敞公寓中失去一间的损失。

　　这个充满想象的例子似乎与严肃的风险和气候变化问题无关。虽然我们也许没有想过 2100 年的公寓与洞穴之间的对比，但潜在的分析点是重要的。如果由于迅速的经济增长，危害突然就出现了，那么，我们对高的危害状态就会有负的风险贴水。

突发的和灾难性的气候变化

在对这种不确定性讨论得出结论之前，我们要先考虑由突发的和灾难性的气候变化所引起的问题。在过去十年间，科学家已经发现，气候系统比以前认为的有多得多的变量。在有关突发性气候变化的文献中考察了这种新观点。其中著名的发现是全球气候系统看来是在十到二十年的时间里，在一些气候状态之间转换，这种变化的程度可能达到半个冰河时代的变化[1]。

突发性气候变化的发现引起了人们的关注，即现在的排放轨道引发的气候变化的严重性可能会产生灾难性的影响。一个早期的关注是在不久的将来，变暖而引起大西洋深水循环的突然停止。但最近 IPCC 评估报告的结论是，"在 21 世纪期间'大西洋深水的循环'不太可能出现大的突发性的转变"。[2]然而，第四份评估报告也提出，根据过去或模型的估算在一千年间格陵兰冰盖的融化提供的新水相当于所估算的引爆大西洋深水循环停止的数量。[3]

也许今天最突出的关注是变暖会引起进一步加速变暖的力量，然后导致格陵兰冰盖和部分南极洲冰盖的迅速融化。地球物理的记录表明，在不到 500 年间，过去的冰盖融化导致海平面上

---

[1] 关于科学和社会意义方面的评论，参看美国国家研究委员会，突发性气候变化委员会 2002 年报告。

[2] IPCC 2007b，第 752 页。

[3] 同上，第 6 章。

升了 20 米 [1]。最新的 IPCC 报告对格陵兰冰盖的概况提供了如下总结（包括海平面上升接近 7 米）："据估算格陵兰每年中值变暖在 1.9 ℃到 4.6 ℃之间会使'格陵兰冰盖'消失……这个过程需要几百年才能完成……"[2] 南极洲西部的冰盖融化大约相当于海平面上升 6 米，这是脆弱的，但根据 IPCC 的报告，"当前的了解对预报这种融化可能的速度或程度是不够的"。[3]

虽然想象这些冰盖融化的生态与社会后果是困难的。但除非预防成本极高，这种情况显然是极不希望发生的，并且应该避免。图 7-5 提供了 1990 年海拔 10 米以下的世界人口和产量的估算。在这个地区有接近 3% 的产量和 4% 的人口。

它证明了直至现在要估算灾难性气候变化的经济影响仍极其困难。也许最严重的问题是，对主要潜在的灾难性事件缺乏可接受的科学解释。最认真研究的事件是以上提到的两个，大西洋深水循环的改变与格陵兰和南极洲冰盖的融化。但第四份评估报告看来把这些排除出了下个世纪可能发生的事件。

本书包括了由突发性气候变化而引起的灾难性后果的潜在危害估算，即为避免伴随重大气候变动而来的危害的"支付意愿"。例如，在 6 ℃的气候变化下，要避免的可能出现的突发与灾难性

---

[1] 参看《极地科学》2007 年对于主要发现作出的评论。特别是 Shepherd 和 Wingham 2007 的评论。

[2] IPCC 2007b，第 776 页。

[3] 同上，第 777 页。

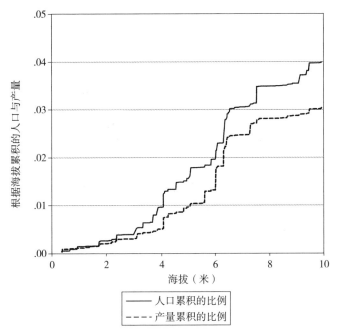

图 7-5　1990 年根据海拔累积的产量与人口比例
世界上人口和产量的一个比例处于一个既定的海拔之下。分解是 1°经度的 1°纬
度。(来源：GEcon 数据库，可以在 gecon. yale. edu. 上得到。)

的危害接近所估算危害的一半。这些估算是根据构成 DICE/RICE-
1999 模型的基础研究中得出来的。这里对早期的方法进行了一些
小的技术性修改，但该研究得出的估算的影响在 DICE-2007 模型
中都保留了。

　　一些分析家认为，现在的方法是远远不够的，而且我们应
考虑到气候变化对世界经济造成重大而不可接受的危害的可能

性，这相当于大萧条、文明崩溃，甚至人类灭绝。在最近的一系列研究中，理查德·托尔（Richard Tol）和马丁·魏茨曼（Martin Weitzman）提出，有限数据和气候—经济系统中参数固有的不确定性会限制 DICE 模型和其他一体化模型这种分析方法对全球变暖的适用性。

托尔的一项实证研究使用了不确定性、谈判和分布的气候框架模型（FUND），这是一个强调影响的一体化评估模型，这种研究认为，气候变化的不确定性如此之大，以至于标准的成本—收益分析都不适用。FUND 模型并没有发现在接近零消费时的灾难性结果。相反，托尔发现，负的经济增长与所引起的负贴现率所导致的（估算的）碳社会成本无限变化（用他的术语是边际净现危害）。[1]

魏茨曼认为，像现在这样的经济分析被潜在的灾难性事件压倒了。[2] 他的看法主要依靠随着消费接近于零时，不变相对风险规避（CRRA）效用函数的有限的性质，以及统计学第一原则强调不确定参数分布潜在"肥尾"的可能性。这种看法的本质是，潜在的经济崩溃和甚至灭绝的可能性应该主导政策分析。[3]

DICE 模型初步的运算并没有表现出魏茨曼的理论或托尔经验分析所说明的极端结果。表 7-2 和表 7-3 表示的极端值的分析并没

---

[1]   参看 Tol 2003。

[2]   参看 Weitzman 2007a。

[3]   Weitzman 结果的简短评论收入 Nordhaus 2007C。

有显示出不确定变量有任何急剧的非线性。这就是说，主要变量（例如碳的社会成本）的值在不确定性变量的值中是接近线性的。全要素生产率是一个例外，它在参数的值中是凸出的，这是因为增长率对产量水平的非线性影响。

但我们强调，像现在这样的模型在观察潜在的灾难性事件中只有有限的效用。原因是 DICE 2007 模型中的地球物理模块是用了大型地球物理模型整体的平均行为的平滑函数。在地球物理模型编制者开发出引起突发的或灾难性变化的机制之前，像现在这样的经济模型也难以引入基于一体化评估模型中已确定的科学发现的结果。

在任何情况下，本书的态度是谨慎的。在本章展现的决策理论的古典分法是有用的，而且是在不确定条件下分析政策和未来轨道的结构完美的工具。我们不能排除被证明减排成本几百亿美元的潜在灾难性影响，但对遥远未来低概率结果的担心不应该妨碍应对今天面临的高概率危害的建设性步骤。我们应该从当前明确的危害开始，然后转向不明确及遥远的威胁。

第8章 |

碳税的众多优点

全球公共物品的价格与数量

在应对像全球变暖这样的全球公共物品时，必要的是通过政府对众多作出大量影响最终结果的决策的企业和消费者来实现。可以现实地使用的只有两种机制：通过政府法令与管制的数量限制，以及通过收费、补贴或税收的以价格为基础的方法[1]。本章论述这两者之间的主要差别，并解释为什么以价格为基础的方法比数量限制更具有优势。

在全球变暖的背景下，数量限制确定了对不同国家温室气体排放时间路径的全球目标。然后各国可以以自己的方法管理这些限制，并在各国间交易排放许可证，正如在《京都议定书》以及欧盟排放交易计划下的情况。这种方法在像氯氟烃机制这样的现有国际协定下经验有限，而且在像美国 SO_2 许可证交易计划这样

---

[1] 这种区分极为简单。包括了变形与综合的细微讨论，参看 Aldy，Barrett 和 Stavins，2003 以及此后的许多参考书和建议。

的国家贸易制度下，有更广泛的经验。

第二种方法是用一致的价格、收费或税收作为各国间合作政策的方法。这种方法在环境领域没有国际经验，尽管它在像美国对消耗臭氧的化学物品征税这样的环境市场上有相当多的国家经验。另一方面，运用一致的价格类型措施在财政和贸易政策中有广泛的国际经验，例如欧盟（EU）税收的一致以及国际贸易中协调一致的税收。

通过价格而不是数量来解决气候变化的尝试在经济学文献中的一些文章中已经讨论过了 [1]，但更多认真的分析仍有待做出。我将重点介绍几个细节。

具体来说，我将讨论"一致碳税"的机制。这种机制可以取代约束性国际或国内碳排放限制。在这种方法之下，各国可以就国际上一致的"碳价格"或"碳税"达成一致的碳排放惩罚。从概念上说，碳税是一种动态有效的庇古税，它可以平衡增加排放的边际社会成本与边际社会收益。

碳价格可以由把温室气体浓度或湿度变化限定低于认为某种"危害干预"水平之下所必要的价格的估算来决定，或者它也可以是引起控制有效水平的价格。例如，如果一个国际协议要实现全球温度增加限于 2 ℃。那么，根据以前几章的结论，假设所有国家完全参与，协调税收就定为 2015 年每吨碳 72 美元（每吨

---

[1]　参看 Cooper 1998，Pizer 1998，Victor 2001 以及 Aldy，Barrent 和 Stavins，2003。

二氧化碳 20 美元），而且在以后十年间每年上升 3% 左右。可以用几个一体化评估模型来估算这个数字，而且应该随着信息变化而更新。由于碳价格是同样的，这种方法在统一税收的国家就是有效的，如果碳税轨道遵循即时效率的规则，它也就满足了时际效率。

关于负担分摊的许多重要细节需要进行谈判。允许参与度取决于每个国家的经济发展水平是合理的。例如，只有在国家的收入达到既定的门槛时（也许是人均一万美元），才能要求它们完全参与，而且穷国可以得到转移支付，以便鼓励早些完全参与。如果碳价格在参与国家相同，那么在参与国之间也就不需要关税或者广泛的税收调整。在协调一致的碳税下，批准问题、税收的定位，国际贸易待遇，以及向发展中国家转移支付，都是需要讨论与细化的重要细节。

管制机制的文献包含了比这里讨论的两极的数量和价格类型丰富得多的一组方法。一种重要的变形是通过把交易许可证制度与政府允许的额外许可证按特定价格出售结合在一起所形成的排放交易证价格上限的综合制度[1]。所考虑的价格封顶的被克林顿政府在准备《京都议定书》谈判时否定了。像这些综合方法也应该包括底线以及封顶；但大多数建议都没有包括底线。在本章最后一部分我们将回到可能有用的综合的中间地带。

---

[1] 参看 McKibbin 和 Wilcoxen 2002 以及 Aldy, Barrett, 和 Stavins, 2003。

价格与数量方法比较

这一节比较了数量和价格制度对管制像全球变暖这样主要的全球公共物品的业绩。基本信息是由于其概念上的简单化，一致的碳税可能比像《京都议定书》这样的数量机制更易于设计和维护。

确定价格和数量的基线

在目标必须适应不同经济增长、不确定的技术变化或演变的科学的地方，数量限制特别麻烦。这些问题可以用《京都议定书》来充分说明，它在控制措施生效（2008—2012 年）前 13 年确定了目标，并用了控制时期前 20 年的基线排放量。随着各国经济与能源结构——甚至还有政治界线——的变化，基年排放量变成日益严重的障碍。

对未来预算时期和新加入国的基线提出了像《京都议定书》这样数量制度延伸的深层次问题。2012 年以后的自然基线没有控制排放水平。实际上要准确地计算并预测已经有适当减排政策的各国的水平是不可能的。在如何根据变化的条件调整基线以及如何考虑到过去减排的程度时，就产生了问题。

在价格方法之下，自然基线是碳税或零惩罚。可以相对于这个基线来判断各国的努力程度。选择一个历史上的排放基年是不必要的。而且，没有先加入者与后加入者之间的不对称性，先参与者可以自己向下调整的基线而没有不利之处。能源税的问题增加了复杂性，我在之后会论述这些问题。

不确定性的处理

不确定性渗透在气候变化科学、经济学和政策中。价格与数量工具之间的一个关键差别是如向使每一方都充分适应深刻的不确定性。环境经济学得出的一个主要结论是，价格与数量管制的相对效率取决于成本和收益的性质，更准确地说是非线性的程度（参见魏茨曼，1974 年）。如果与收益相比，成本是高度非线性的，那么，价格类型管制就更有效；相反，如果与成本相比，收益是高度非线性的，那么，数量类型管制就更有效。

虽然这个问题在气候变化政策设计中受到的注意不够，但全球变暖成本和危害结构表明，人们强烈地偏好采用价格类型方法。原因是减排的收益与温室气体存量相关，而减排成本与排出的流量相关。这意味着，减排的边际成本对减排水平是高度敏感的，而减排的边际收益对减排的现期水平不敏感。[1] 在 DICE 模型中，一个十年减排的收益函数基本是线性的，而成本函数是高度凸出的，弹性接近于 3。这种结合就意味着，当存在相当多不确定性时，排放收费或税收可能比数量标准或交易的限量更有效得多。

---

[1] 参看 Pizer 1999 以及参看 Hoel 和 Karp 2001。

交易许可证市场价格的易变性

不确定性影响价格。由于供给、需求和管制状况一直在不可预期地变化，数量类型管制可能会引起碳排放交易价格波动。许可证价格变动会特别大，因为许可证的供给完全无弹性，而且短期内对许可证的需求极其缺乏弹性。

欧盟交易二氧化碳的价格历史说明数量制度极大的波动。在2006年，交易价格在每吨碳44.47美元到143.06美元之间（碳点公司2006年）。在一个月内，由于新管制的信息，许可证价格下降超过70%。

更广泛的数量环境许可证交易价格的证据来自美国二氧化硫（SO_2）排放交易计划的历史。这个计划包括每年由环境保护署（EPA）进行的拍卖，以及企业和个人可以买卖许可证的私人市场。SO_2价格和碳交易价格之间的比较是有用的，因为两种市场的经济特点是相似的。在这两个市场上，短期中供给是固定或接近固定的。而且，在这两个市场上，对许可证的需求（无论是SO_2或者二氧化碳排放）是极其缺乏价格弹性的，因为用其他投入取代含硫或碳的燃料是昂贵的。在某种程度上，如果协议允许银行业务与借贷，剧烈的波动就可以得到缓和，这意味着企业可以为未来节省排放许可或取用未来的许可。但这些计划不可能允许借贷，而且银行只能对价格波动中提供有限的救济。

我们可以通过考察历史上的SO_2排放许可价格波动来了解类

似的二氧化碳排放许可的可能功能。每年 EPA 拍卖的现货 SO_2 价格波动从 1996 年每吨 66 美元的低价到 2005 年每吨 860 美元的高价。未来的价格也变动了 4.7 倍（参看 EPA 2006 年）。如果我们看私人市场，会发现在 1995—2006 年期间许可证价格变动了 69 倍，而在 2001—2006 年期间变动了 12 倍。一些变动是由管制政策的变动引起的，但这个特点也是与碳市场相关的。

我们可以通过计算 SO_2 排放许可证统计上价格的波动并把它们与其他波动的价格比较来得出一些更准确的波动衡量。波动衡量每个月平均绝对量变动，是一种表明资产价格波动和不可预见性的常用方法。图 8-1 说明了 1995—2006 年期间四种价格估算的

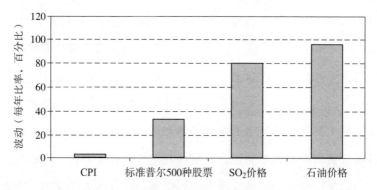

图 8-1　1995—2006 年期间估算的 4 种价格的波动

价格从左到右是，消费价格指数（CIP），根据标准普尔 500 种股票（S&P 500）的股票价格指数，美国 SO_2 许可证价格，以及原油价格（石油价格）。波动是计算为每月变动的每年绝对对数。（来源：石油价格、CPI 和股票价格来自 DRI 数据库，可以从耶鲁大学获得。SO_2 许可证的价格是丹尼·埃勒曼提供的现期价格并反映了交易价格。）

波动：消费价格指数（CPI），股票价格，SO_2 许可证价格和石油价格，SO_2 价格比股票价格（或者住房这类没有表示出的其他资产价格）波动更大，其波动甚至大于大多数消费价格，而且与石油价格的波动接近。

这些迅速的波动是有成本而且不可取的，特别是对一种碳这样的投入，在未来几十年中它的总成本可能会和石油一样高。一个有趣的类似情况出现在 1979—1982 年货币主义试验的美国，当时美联储的目标是数量（货币总量）而不是价格（利率）。在此期间，利率的波动极大。部分是因为这种波动性的增加，在短期试验之后，美联储变回到价格类型的方法。这个试验说明，严格的数量限制制度会对能源市场、投资计划，以及各国之间的收入分配、通货膨胀率、能源价格和进口与出口值造成重大的破坏性影响。因此，数量限制结果会变得极不受市场参与者与经济政策制定者欢迎。

公共财政问题

另一种考虑是在限制排放中运用筹集收入措施的财政政策优点。排放限制产生了有价值的排放权力，而且问题是究竟是政府还是私人团体得到了收益。当税收或管制限制提高了物品价格时，就增加了来自现行税收制度的效率损失，因为现行的税收与管制制度把价格提高到效率水平之上。再增加的税收或管制处于现行管制的顶端，增加了这种制度的低效率或"无谓损失"，而且这种增加的无效率可以计算为全球变暖政策增加的成本的一部分。这种效应就是税收的"双重负担",在来自"绿色税收"的"双重红利"理论中分析过。[1]

如果碳的限制通过税收来实施,而且收入通过减少其他物品或投入品税收可以回流,那么由税收增加的效率损失就会得到缓解,也不一定会增加无谓损失。如果以数量为基础的制度之下的限制是用并不筹集收入的限制实施的,那么就没有减少增加的无谓损失的政府收入的再循环。这是一个重要的问题,因为效率损失可以和减排成本一样大。

虽然排放许可证拍卖出去是可能的(从而引起可以用于缓解低效率的收入),但历史的实践说明,大多数或全部许可证会以零成本分配给"值得的"团体或以一种减少政治上抵制的方式分配。在 SO_2 排放许可证和氯氟烃生产许可证的情况下,实际上所有许可证都无成本地分配给生产者,没有产生政府用于再循环的收入。虽然纯粹的税收制度是增加收入最可靠的手段,但混合型系统也是一种有用的可供选择的方案,它可以用税收支持数量方法,以便占有至少一部分许可证收入。

平等问题

提高碳价格的强有力且国际协调的步骤,无论是通过税收还

---

[1]　参看 Goulder,Party 和 Burtraw1997,和 Goulder 和 Bovenberg 1996。

是数量限制，都将对收入分配产生相当大的影响（参看图 5-11 对消费者转移资源的估算）。这就提出了公正与支付能力的问题，无论是在不同国家之间，还是同一国的各个家庭之间。

在国际上，穷国自然要避免引起与限制温室气体排放相关的混乱。在某种程度上，这些可以用数量制度下排放许可证的有利分配来抵消。例如，个别国家批准初始《京都议定书》就是因为相信可以有利地在国际市场上出售超额配给。这看来是数量制度在促进各国间公正中的一个主要优点。

正如在初始的《京都议定书》中看到的，这种优点看来比真实的更明显，比平等更不平等。由于配额是提前确定的，各国负担的分摊是有计划的、平等的再分配。像美国这样的国家由于迅速的经济增长被要求进行的减排多于平均减排，而像德国这样的国家会因为历史上德国统一这样的偶然事件而得到意外收益。这些最初的差异就会体现在制度中，因为未来进一步的减排是从原来设计不完善的配置开始。从长远来看，目前尚不清楚，数量制度中配置加彩票内容是否会超过在税收类型制度中公开配置的能力。

在国家内部，相对于我们的配置制度，税收制度有明显的优点。税收制度筹集了相当多的收入。这些收入可以通过减少其他税收或增加收益用于缓解低收入家庭的经济困难。此外，一些资金也可以用于低碳能源制度的研究与开发。与此相反，像现行 SO_2 排放限额交易制度这样的配给制度并没有筹集收入。没有筹集资金用于缓解经济负担或为能源研究提供资金的天然方法。因此，就促进负担的公正分配与缓解经济影响的潜力而言，税收方法对各国间的调整有明显的优点，而国际协调在原则上可能更容易，但在实践中数量方法并不这样明显。

租金、腐败与资源诅咒

在政府忠诚度、透明性和有效管理都有差别的世界中，我们还要关心计划的管理。在国际环境协议中这些问题特别严峻，协议中的国家没什么动机去遵守公约，而且弱政府也会把腐败活动扩大到国际交易。数量类型制度比价格类型制度更容易受到腐败的影响。排放交易制度创造了以交易的排放许可证为形式的有价国际资产，并把这些资产分配给各国。有限的排放创造出以前并不存在的稀缺；这是一个租金创造项目。与价格方法相比，数量方法的危害在国际贸易干预中对比限量和关税时就经常得到证明。

租金引起寻租行为。此外，资源租金也会增加非生产性活动，以及国内与国际的战争，并减缓经济增长——这就是资源诅咒理论。[1] 一个国家的领导人可以把稀缺的许可证用于高楼大厦或纪念碑这样的非环境目的而不是减排。专制者和腐败的政府官员也可以出售他们的许可证，并把收入据为己有。

计算表明，在严格的《京都议定书》之下价值数百亿美元的

---

[1] 参看 Sachs 和 Warner 1993 和 Torvik 2002。

许可证可以由一些国家在外国销售。在以人为的低价格把有价值的公共资产私有化的历史为既定时，如果碳市场在腐败活动中变得混乱，破坏了过程的合法性，这并不值得惊讶。我们还可以设想一个修改的《京都议定书》扩大到发展中国家。考虑到尼日利亚的情况，在最近一些年中它有2500万吨左右碳排放。如果分配给尼日利亚等于最近排放的可交易许可证，而且它能以每吨碳40美元的价格出售，这就可以在一个2000年非石油出口只有6亿美元的国家每年增加10亿美元左右的硬通货。

金融诈骗问题并不限于贫穷、软弱或独裁的国家，紧跟最近的会计丑闻之后，这一问题在美国也引起了关注。一种封顶交易制度要依靠参与国中资源排放或化石燃料使用的准确衡量。如果A企业（或A国家）出售排放许可证给B企业（或B国家），这时A与B都在封顶下操作，那么，监控A和B的排放，以保证它们的排放在规定的限制之内就是必要的。实际上，如果监控在A国是无效的，但在B国是有效的，交易项目会增加全球排放水平，因为A的排放仍然没有变，而B的排放增加了。在一种国际制度下，规避排放限制的动机甚至比国内避税还强烈。避税对公司和政府来说是零和博弈，而逃避排放控制对全球公共物品交易中涉及的双方都是正和博弈。

价格方法缩小了腐败的余地，因为它并没有创造出人为的稀缺、垄断或租金。把许可证转给国家或国家领导人是不被允许的，因此他们就不能为获取红酒或枪炮而在国外出售它们，也没有新的寻租机会。任何收入都需要通过对国内化石燃料消费征税来筹集，而且碳税绝不会增加各国现有的引起租金的制度。这在政府和纳税人之间是一种零和博弈，因此对保证实施的激励更强劲。

这里再说一次，把税收和数量制度结合起的综合制度会避免在数量制度中对腐败的激励。如果碳税占碳价格相当大比例，那么，许可证的净值以及寻租就相应减少了。

管理与衡量问题

在实施一致的碳税时，产生了许多管理与衡量问题，而且这些问题还没有完全解决。也许最重要的概念问题是如何处理现有能源税与补贴。我们计算的碳税应该包括还是不包括现有的税收与补贴呢？例如，假定一个国家征收 50 美元的碳税，而保持对煤炭生产的等量补贴。这是算作零碳税还是 50 美元碳税呢？此外，在分析中如何计算对风力这样零碳燃料的补贴呢？

一种方法是计算碳燃料的净税，包括对能源产品的所有税收与补贴，但仅限于例外情况之外的间接、具体影响。这种计算要求两步。第一步，每个国家都要提供完整的一组有关能源部门的税收和补贴的信息；第二步，我们需要把不同数字合成一个整体碳税率的方法。当然还有许多技术性问题，例如如何把能源税转换成碳当量。一些计算涉及作为任何一种控制基础的转换率（从煤或石油转换为碳当量），另一些则要求投入—产出系数，而这并不总是根据时间基础普遍可以获得的。整体上看，只要不涉及间接的或暗含的排放，有效碳税率的计算是直截了当的。

要得到超出对间接影响的第一轮计算就需要对供需弹性和交叉弹性做出假设，这可能会引起各国间的争论，而且应该尽可能避免。这一程序也许要求类似于世界贸易组织（WTO）评议中所用的机制，在这种机制中技术专家根据准法律程序设计的指导原则计算有效税率。许多这样的问题在有关生态税收的文献中讨论过。[1]

一种综合的"封顶与税收"方法？

权衡价格与数量在控制存量公共物品方面的相对优势时，需要考虑很多因素。但我们应该现实地看待价格为基础方法的缺点。在国际环境协议中这是一个陌生的领域。许多人不信任环境政策的价格方法。许多环保主义者和科学家不相信把碳税作为应对全球变暖的一种方法，因为它对排放的增长或温室气体的浓度并没有施加明显的限制。他们问，什么能保证碳税在能防止"危险干预"的水平上？一些人担心，碳排放会对价格真正作出反应吗？在地球燃烧时，国际社会可能会对碳税、限制、衡量问题以及参与的看法造假吗？在本书与其他研究中解决了这些问题，但许多人仍然不相信。

---

[1] 参看 Weizsäcker 和 Jesinghaus 1999 中关于生态税的开创性研究。

与此相反，像封顶与交易制度这样的数量方法被广泛看作是减缓全球变暖最现实的方法。数量限制坚实地体现在《京都议定书》中，而且体现在美国和其他国家大多数的国家政策提案，以及遵循这个模型深化《京都议定书》的提案中。今天对政策的现实担忧不在于是否会以封顶与交易取代碳税，而在于是不是会理解为封顶而无交易。例如，在实施《京都议定书》时，一些方法有利于"通过国内实施"而实现自己的减排目标，而不是通过向其他国家购买排放许可证而"买到自己的出路"。甚至最坏的情况，有些国家可能会继续争论而以不作为结束，正如美国至今为止的情况一样。

在分析家与决策者对封顶与交易制度强有力的支持下，有一种可以把碳税制度的优势与封顶与交易制度的优势结合得出的一种经得起考验的混合机制吗？也许最有希望的方法是用构成其基础的碳税补充数量制度——一种"封顶与税收"制度。例如，一些国家可以通过与数量限制一起对每吨碳征收 30 美元税来支持它们参与封顶与交易制度，一些国家也可以在征收碳税同时加一个"安全值"，这样它们就可以按碳税的倍数，也许可以按 50% 的贴水，或这个例子中的每吨 45 美元的价格出售碳排放许可证。[1]

封顶与税收制度分享了这两种对立情况中每一种的优缺点。它没有像纯封顶与交易制度那样严格的数量限制，但数量限制会

---

[1] 从技术的角度，这里简述的综合计划是非线性环境税的一种特殊情况，在这税中税收是经济和环境变量的函数。

指导企业与国家，并给了人们气候目标可以实现的信心。综合方法有部分碳税制度优点。它更有利于公共财政，也会减少价格的波动和对腐败的诱导，而且也有助于应对不确定性。税收和安全值价格之间的波段越窄，它更多有碳税的优点；波段越宽，它就有更多封顶与交易制度的优点。

未来几年，随着地球变暖，海平面上升，以及新的生态和经济影响被发现，无疑会见证有关全球变暖更密集的谈判。正如之前提出的，特别是如果《京都议定书》的数量方法被证明是无效的，而且没有适当的更有效的制度取而代之，就会出现两难困境。当决策者寻找更有效的减缓危险气候变化的方法时，他们应该考虑一致的碳税这样的价格类型方法的可能性，或者也许像封顶与税收这样综合的方法可以成为协调政策并减缓全球变暖有力的工具。

第 9 章 |

一种可供选择的视角：《斯特恩报告》

2006 年 11 月，英国政府提出了一个全面的新研究：《气候变化经济学斯特恩报告》(以下简称《斯特恩报告》) [1]。它描绘了全球黑暗的状态："评论估算，如果我们不行动起来，气候变化的整个成本和风险就将相当于现在和将来至少每年 5% 的全球 GDP 损失。如果考虑到拓宽风险与影响的范围，估算的损失可以增加到 GDP 的 20% 或者更多……我们现在和未来几十年的行动可能会带来风险……其规模类似于 20 世纪前半期的重大战争和经济萧条。"[2]

这些结论完全不同于使用同样基本数据和分析结构的早期经济模型的结果。气候变化经济学中的主要发现之一是减缓气候变化的有效或"最优"经济政策，涉及近期适当减排，随后中期与

---

[1] 印制出来的版本是斯特恩 2007a，此外，参看英国财政部 2006 在参考书中提供的电子版。可以认为印刷的版本是一个纪录的报告，所有引用的都是公开出版的版本。该版本包括了一个"附录"，它部分是对早期批评的回应，包括对 2006 年 11 月 17 日这个评论草稿的回应。

[2] Stern 2007，第 XV 页。

长期中大幅度减排。我们可以称之为"气候政策弯道"，按这种政策，减缓全球变暖的政策日益收紧或者加速。[1]

气候政策弯道的发现经受住了多种可供选择的模型化战略、不同的气候目标、科学模块的可供选择规定，以及一体化评估模型十多年来修改的检验。气候政策弯道的逻辑很简单。世界上的资本是生产性的，今天，最高收益投资主要是有形的、技术的以及人力资本，包括低碳技术的研究与开发。在未来的几十年中，据预测损失相对于产量而增加。当这种情况发生时，把投资转向对更密集的减排就变得有效率了。减排准确的混合和时间选择取决于成本、损失以及气候变化和危害非线性的和不可逆的程度。

在不受限制的气候变化中存在许多危险、成本与不确定性——已知的未知数以及未知的未知数。[2] 经济分析研究了使行动的成本和不行动危险平衡的战略。所有经济研究却发现都支持对温室气体排放马上实施限制，但难以解决的问题是减排多少与多快。《斯特恩报告》是根据经济学成本—收益分析的传统，但它得出了与主流经济模型显然不同的结论。[3] 这是一个对全球变暖经

---

[1] 这种战略实际上是气候变化政策时际效率的每一个研究的标记。在评论一体化评估模型时主要的结论之一是："也许最让人惊讶的结果是一种共识，在校正的利率和低未来经济增长为既定时，适度控制一般是最优的。"(Kelly 和 Kolstad 1999)。在 1975—2007 年期间形成的 Yale/DICE/RICE 全球变暖模型的有五代中都发现了这个结果。关于弯道的说明，参看图 5-4 和 5-5。

[2] 关于最近的变暖，参看 Hasen 等，2006。

[3] 《斯特恩报告》早期的先驱是 Cline 的研究（1992）。Cline 的贴现分析实际上与《斯特恩报告》的分析一样。

济学的可靠的彻底修正吗？得出不同结论的原因是什么呢？[1]

问题的概述

首先，应该把《斯特恩报告》主要看作一种政治性的文件来解读，其目的是倡导其理念。英国财政大臣戈登·布朗（Cordon Brown）"请尼克·斯特恩（Nick Stern）爵士主持气候变化经济学的重大审查，以更全面地了解经济挑战的性质以及如何在英国和全球应对这些挑战"，该报告是官方委派的。[2] 在很大程度上，《斯特恩报告》准确地描述了全球变暖涉及的基本经济问题。但是，它倾向于强调支持它推荐的政策研究与发现，而忽略了对全球变暖危害观点相反的报告。

换句话说，我们可以根据标准科学与经济学的基本规律来评价《斯特恩报告》。包括经济学在内的科学的中心方法是同行评议和可复制性。与此相反，《斯特恩报告》出版时没有独立的外部专家对方法和假设进行评议，而且它的结果不易复制。

这些看似微不足道，但它们是良好科学的基础。英国政府在

---

[1]　对《斯特恩报告》已有大量评论出版。对关键假设的批评性讨论是 Tol 和 Yohe 2006 以及 Mendelsohn 2006 提供的。贴现问题特别有用的讨论包括在 Dasgupta 2006 中。集中在《斯特恩报告》极端结论的集中分析是 Seo 2007。与本章具有同样信息的道德参数敏感度的分析是 Mityakov，2007。对各种因素广泛的抨击包含在 Carter 等，2006 以及 Byatt 等 2006。保险问题和贴现是在 Gollier 2006 和 Weitzman 2007b 中讨论的。

[2]　英国财政部，2006。

全球变暖的经济学和科学分析问题上并不是绝对正确的，并不比它在对伊拉克大规模杀伤性武器的评估上正确性高。[1] 同行评议和复制并不能消除所有错误，但它们对确保逻辑上的合理性与对反对观点的尊重是必不可少的。

相关的问题是读者在了解推理的环节时可能遇到的困难。《斯特恩报告》是以创纪录的速度完成的。这样仓促行事的隐患之一是，它是与全球变暖经济学和科学的众多层面模糊关联的分析和报告。读者会发现要理解从背景趋势（如人口与技术增长）到排放和影响，再到现在和未来消费减少 20% 的推理思路有困难。《斯特恩报告》中的分析背景与数据表格并没有公布，因此分析者不可以推导验证其结果。

虽然我们质疑《斯特恩报告》的模型编制和经济假设，但从更积极的角度来看，它在选择气候变化政策方面作出了重要的贡献，因为它着眼于平衡经济优先与环境危害。它通过把气候变化政策和经济与环境目标联系在一起，纠正了《京都议定书》的一个根本缺点，即缺乏这种联系。

以下是关于《斯特恩报告》强调需要提高碳排放价格的评论。《斯特恩报告》将其讨论总结如下："在全世界创造一个透明而可比较的碳价格信号是国际集体行动面临的一个迫在眉睫的挑战。" [2] 简单地说，一致的碳价格无论对于激励个别企业和家庭，还是刺

---

[1] 英国联合情报委员会，2002。

[2] 斯特恩，2007，第 530 页。

激低碳技术的研究与开发，都是至关重要的。碳价格必须提高到把温室气体排放的社会成本传递到几十亿企业和个人每天的决策中去。这个简单但令人烦恼的经济真理是大多数气候变化政策的政治性讨论中所缺乏的。

但是这些观点并不是事情的要点。确切地说，《斯特恩报告》激进的政策观点来自对贴现的极端假设。贴现是气候变化政策中——实际上也是在所有投资决策中——的一个因素，它涉及未来与现在结果的相对权衡。乍一看，这个领域似乎是技术性的。但它不能埋没在注解中，因为贴现是《斯特恩报告》激进立场的中心。《斯特恩报告》提出一个产生了极低贴现率的道德上的假设。与其他假设结合在一起，低贴现率放大了对遥远未来的影响，并把今天大幅度减排（实际上在所有消费中）合理化。如果我们用其他全球变暖分析中更为传统的贴现率来代替政府、消费者或企业经常用的贴现率，《斯特恩报告》激进的结论就消失了，而且我们回到以前说明过的气候政策弯道。这一章的重点集中在这个中心问题上。

增长与气候变化中的贴现

贴现问题是理解经济增长理论和政策的中心。它们也是《斯特恩报告》关于气候变化的严重危害及需要马上采取措施大幅度减少温室气体激进观点的核心。本节将评估一些核心问题，而下一节将提供一种可供选择的方法的经验运用。

可供选择的贴现概念

关于贴现的争论在经济学和公共政策中有漫长的历史。贴现涉及两个相关而又往往混淆的概念。一个是关于物品贴现率的概念，它是一个衡量不同时间点上物品相对价格的实证概念。这也被称为资本的真实收益、真实利率、资本的机会成本，以及真实收益。真实收益衡量用整体价格水平校正投资的收入。

原则上，收益是在市场上可以观察到的。例如，20 年期美国国库券 2007 年的真实收益是每年 2.7%。过去 40 年中美国非金融公司的真实税前平均收益是每年 6.6% 左右，而美国非金融行业 1997—2006 年的平均收益是每年 8.9%。估算的人力资本真实收益的范围从每年 6% 到超过 20%，这取决于不同国家与不同阶段。IPCC 第二份评估报告讨论了实际收益，并报告了投资的真实收益从每年 5% 到 26% 的范围。[1] 根据对总量和地区模型的研究经验，我一般用的资本基准真实收益是每年 6% 左右，这是根据许多研究的收益率估算的。由于税收不包括在这种分析中，这也是消费的真实贴现率。

第二种重要的贴现概念涉及对不同家庭和随着时间对不同代人的经济福祉的相对加权，这有时也被称为"纯社会时间偏好

---

[1] Arrow 等，1996。

率",为了简单我称它为"时间贴现率"。它像利率一样计算为每个时间单位的百分比,但指的是未来福祉的贴现,而不是未来物品或美元的贴现。零时间贴现率意味着对称地看待进入无限未来的子孙后代与现在这一代人;正的时间贴现率意味着,与最近的几代人相比未来子孙后代的福利要减少或"贴现"。哲学家和经济学家在诸如经济增长、气候变化、能源政策、核废料、大坝等主要基础设施项目,以及奴隶制补偿这些不同领域就如何运用时间贴现率进行了激烈的争论。[1]

接下来的一节探讨了关于代际平等、贴现如何影响危害的衡量,以及贴现在气候变化、储蓄行为和不确定下的行为经济模型编制中作用的分析与哲学争论。

最优经济增长的分析背景

与许多其他全球变暖经济学研究一样,《斯特恩报告》也在经济增长理论框架中提出了关于如何平衡减排和危害的政策决策。在这个框架中,世界经济从消费、资本、人口、排放、气候等等参考路径开始。政策要改变排放、温室气体浓度、影响和消费的轨道。然后借助于社会福利函数对可供选择的气候政策和消费路径进行排列。

《斯特恩报告》对经济模型和评估结果使用的具体方法是拉姆

---

[1] 贴现中涉及的许多问题,特别是与气候变化相关的问题是在 Portney 和 Weyant 1999 不同研究中讨论的,拉姆赛方法的哲学内容的讨论收入 Dasgupta, 2005。

赛—库普曼—卡斯最优经济增长模型。[1] 在这种理论中，核心政策制定者想让社会福利函数最大化，社会福利函数是某个无限时期中消费效用的贴现值。经济单位在经济中是不同代人或群体。经济活动用一个变量 $c(t)$ 代表，$c(t)$ 可以解释为以人均为基础用于一代人或一群人的消费资源，并根据某一年贴现。这个分析隐蔽了代际决策的细节。例如，不同的因素并不与社会选择特别相关时的消费的时间轮廓、生活跨度、工作与休闲，以及个人偏好，例如，个人风险厌恶和时间偏好。

为了计算方便，假设数代人有连续性，以便我们分析连续时间中的决策。在这个框架中，正如第三章说明的，社会福利函数采取了增加的分离式效用形式：$W = \int_0^\infty U[c(t)]e^{-\rho t}dt$。这里 $c(t)$ 是一代人的人均消费，$U[.]$ 是用于与每一代人不同消费水平相对价值相比的效用函数，而且 ρ 是适用于不同代人的时间贴现率。在现在的讨论中为了简化，假设正常化的不变人口为 1。

我们停下来强调一下，这里分析的变量适用于不同代人福祉的比较，而不适用于个人偏好。时间偏好、风险偏好以及效用函数的个体比率至少在原则上根本没有进入讨论。个人可能有高的时间偏好，或者加倍夸张的贴现或者负的贴现，但与社会决策如何权衡不同代人没有必然联系。类似的警示也适用于消费弹性。

---

[1]　参看 Ramsey 1928，Koopmas 1965 以及 Cass 1965，大多数高级宏观经济学教科书深入发展了这个模型。

　　《斯特恩报告》认为，用正的时间贴现率作出长期选择是不可原谅的："（我们的）看法……以及其他许多研究了这些长期和伦理问题的经济学家与哲学家的论点是（正的时间贴现率）只适用于考虑外生的灭绝可能性"。[1] 这种观点得到了一种看法的支持，这种看法实际上既不必要又不充分，它认为正的贴现率使社会忽略了在遥远未来发生的巨大成本。在《斯特恩报告》中使用的实际时间贴现率是每年 0.1%，这仅仅是根据灭绝概率估算的含糊判断；就我们的目的而言，可以把它视为接近于零。

　　与 DICE 模型一样，《斯特恩报告》提出了另一个传统的假设，效用函数具有不变的消费边际效用弹性，α；为了简单，我称这个参数是"消费弹性"。不变的消费弹性意味着，效用函数的形式是 $U[c(t)] = c(t)^{1-\alpha}/(1-\alpha)$, $0 \leqslant \alpha \leqslant \infty$。

　　在人口不变与每一代人消费增长率不变的情况下，对社会福利函数 g^* 进行优化，得出了均衡的真实资本收益 r^* 与另一个参数之间关系的标准方程式 $r^* = \rho + \alpha g^*$。我们称这是"拉姆赛方程式"，它被《斯特恩报告》视为思考全球变暖政策代际选择的来源概念。拉姆赛方程式说明，在福利最优时，资本的收益率由代际时间偏好率、对社会政策中代际消费不平等的规避程度，以及代际消费增长率决定。在一个增长的经济体中，资本的高收益既来自高时间贴现率，又来自对代际不平等的高度厌恶。

---

[1]　斯特恩 2007，第 60 页。

　　《斯特恩报告》关于社会福利函数、消费弹性和时间偏好率的观点如何让人信服呢？首先，有一个与《斯特恩报告》采用的社会福利函数观点相关的主要问题。在决定世界与全球变暖危害进行斗争的方法时，它站在世界社会规划者的制高点，也许是为大英帝国垂死的余烬煽风点火。根据政府中的功利主义者的说法[1]，世界应该遵循《斯特恩报告》的作者从道德优势立场发现的将时间贴现与消费弹性结合的方案。

　　我总是发现，政府的方法在全球变暖背景下，特别是在劝说主权国家的政治谈判上是误导。相反，我们可以从一个概念性观点把基线轨道解释为代表了现在存在的市场与政策因素的结果。换句话说，DICE 模型试图根据可能的前景水平与人口增长、产量、消费、储蓄、利率、温室气体排放，气候变化和没有影响温室气体排放的干预时出现的气候危害来进行预测。这种方法并不支持在现有状况下社会在空间或时间上的收入分配愿望。

　　世界福利变化的计算产生于在收入与投资现有分配的范围之内，从有效气候变化政策来考察潜在的改善。由于这种方法与贴现相关，这就要求我们认真地把可供选择的投资的收益——按真实利率——作为气候投资的基准。哲学家、经济学家或英国政府描述的标准正常可接受的真实利率与在美国、中国、巴西和世界

---

[1]　这个短语归于 Sen 和 Williams，1982，第 16 页，在这里他们把政府的功利主义者描写为"社会框架"，在这种框架之下，功利主义的题目控制了多数人本身，并不与社会分享这些信息。Dasgupta（2005）在讨论的范围内讨论了政府的伦理学。

其他国家的实际金融和资本市场上用的适当贴现率的决定没有关系。当各个国家权衡国际减排中的私利和分摊的负担时，它们关注的是谈判中的实际收益以及这些相对于其他投资的收益，而不是来自方向性增长模型的收益。

时间贴现率的哲学问题

虽然我发现《斯特恩报告》中关于贴现率的道德推理基本与关于气候变化的实际投资和谈判没有关系，但值得考虑其自身的优点。首先，我们应该回想一下佳林·库普曼斯在他的增长理论关于贴现开创性分析中的警告："最优增长问题太复杂，或者至少太不熟悉了，因此人们在了解可选选择的含义之前，不愿意完全先验地选择（时间贴现率）。"[1] 这个结论更有说服力，因而在全球变暖中是适用的，这比库普曼分析的简单的、确定的、稳定的双投入模型复杂得多。

《斯特恩报告》认为，基本道德要求代际中性，这就由接近于零的时间贴现率来代表。《斯特恩报告》的社会福利函数背后的逻辑并不像它让我们相信的那样普遍：它来自英国功利主义传统，伴随哲学立场的争论与讨价还价。[2] 另一种道德立场是，每一代人都应该至少留下和它继承的同样多的总社会资本（有形

---

[1] Koopmans 1965. 零贴现引起目标函数的非收敛性和函数的不完全性这些深层次的数学问题。

[2] 在以下段落中许多人关注的是 Sen 和 Williams 1982 对功利主义的抨击与辩护的讨论。

的、自然的、人类的以及技术的）。这就允许有广泛的时间贴现率。

　　一种激进的不同方法是罗尔斯的观点，即社会应该使最穷一代人的经济福祉最大化。这种政策的伦理含义是，现在的消费应该大幅度增加，以反映预期的未来生产率的进步。罗尔斯的观点扩大到不确定性就是社会在最有风险的路径上把最小消费最大化时遵循的（最小）谨慎原则；这就包括为预期的可能的鼠疫和灾害所储备的疫苗、食物和水。还考虑除了人类价值之外的生态价值。主要宗教的道义——现在的与未来的——也会与拉姆赛增长理论的功利主义计算发生冲突。

　　更复杂的是，要注意这些方法并没有一种与作出实际代际决策的结构有关系，因为这一代人不能替子孙后代做决定或束缚他们。[1] 相反，每一代人都处于一个接力团队成员的地位，把资本的接力棒传给下一代人，并希望子孙后代明智行事以避免做出类似掉下或破坏接力棒的灾难性选择。而且，由于我们生活在有时竞争有时合作的开放经济世界中，我们必须考虑如何使世界资本市场能平衡同时进行的接力比赛、接力棒的掉落、生存战争，以及空间与时间上的不同规范。

　　《斯特恩报告》没有认真地考虑这些不同的选择，但即使没有在其中选择，显而易见的是，其他伦理观点是可能存在的。而且，

---

[1]　这是 Phelps 和 Pollak（1968）研究的精神。

正如我将提出的，不同的视角提出了对理想的气候变化政策广泛的不同建议。

在拉姆赛均衡可供选择的校准之下的真实利率

虽然时间贴现率得到许多关注，但资本的真实收益才是驱动当前有效减排的变量。只有它才能使今天减排的边际效用成本与未来减少气候危害的贴现的边际消费收益之间效益相等。

但是，在最优增加框架中，资本的真实收益是由以前说明的拉姆赛方程式决定的一个内生变量。在均衡状态下，真实利率不仅取决于时间贴现率，而且还取决于第二个道德参数：消费弹性。现实的分析也需要考虑到来自税收制度对投资的不确定性和风险贴水的扭曲，但在现在的情况下可以忽略这些复杂性。[1]

《斯特恩报告》假设消费弹性是 1，这就得出了对数的效用函数。弹性参数是随意讨论的，在最初的报告中并没有解释。[2] 假设每年人均产量长期为 1.3% 且时间贴现率为每年 0.1%，则均衡的真实利率为每年 1.4%。这些比率显然是在一个局部均衡框架中使

---

[1] 资本收益率和免除风险率上升之间背离的解释在这个范围内是一个争议的问题，如果我们假设，这个差距是在市场上作为系统的有风险资产的贴水决定的。那么，我们就需要研究气候变化中投资的风险特点。这里的讨论假设，气候投资和其他资本投资共享风险的性质。如果说明它们大于或小于系统风险，那么，对气候投资的保险贴水就需要适当的调整。在第 7 章关于高气候变化方案的风险性质中解决了这个问题。

[2] 消费弹性的讨论包含在《斯特恩报告》(斯特恩 2007) 第 2 章的附录中。还要注意，由于消费弹性是反映各代之间消费不平等的社会选择的一个参数，它就不能自发地从个人偏好或风险厌恶中导出。

用的，既没有参考实际收益率也没有提到经济不能实现长期均衡的可能性。

尽管真实利率是平衡未来危害的经济利益和现在减排成本的关键，但在《斯特恩报告》中没有提到真实利率的决定性作用。不管怎样，在一个标准化的增长模型中，如果模型的设计要与所观察到的真实利率与储蓄率一致，就不能独立地选择时间贴现率和消费弹性。为了与实际利率，比如要达到每年实际利率为 4% 和人均消费增长率为 1.3%，就要求高时间贴现率和高消费弹性的结合。例如，用《斯特恩报告》的经济增长假设，零时间贴现率要求消费弹性为 3% 才能产生 4% 的收益率。如果我们采用了《斯特恩报告》的消费弹性为 1%，那么，我们就需要时间贴现率为每年 2.7% 才能等于所观察到的收益率。

在本章之后讨论的 DICE-2007 模型的试验与这些均衡的计算略有不同，因为人口增长与并非不变的消费增长，但我们可以用均衡计算来支持结论。在基线经验模型中，我使用的时间贴现率为每年 1.5%，消费弹性为 2。在 DICE-2007 模型对下个世纪预测的消费增长中，均衡的真实利率则为每年 5.5%。这就得出，效用函数的校准对全球变暖模型的结果产生了巨大的影响，正如我在之后模型编制中要说明的。

《斯特恩报告》的方法对消费和储蓄也有重要暗示。[1] 如果

---

[1]　这一点是 Dasgupta（2006）强调的。

采用了它的理念，就会得出与今天相比整体高得多的储蓄。首先，我们近似地认为，《斯特恩报告》关于时间贴现率和消费弹性的假设得出了最优全球净储蓄率加倍。这一点值得深思，但它并不像是道德上的强迫。今天全球的人均消费是 6600 美元左右。根据《斯特恩报告》的假设，这将以每年 1.3% 的速度增长，在两个世纪后达到 87000 美元左右。使用这些数字在道德立场上是否有说服力，即我们有责任大量减少当前消费来提升富裕后代的福祉吗？

一个财政政策实验

我们可以通过一个财政实验来直观地解释拉姆赛分析，这个实验的问题是一个特殊的减排政策有没有改善子孙后代消费的可能性。从与现在状态一致的消费路径开始——在这种状态中基本没有减少温室气体排放的政策，称它为"基线"轨道。然后采用一套与拉姆赛增长模型最优一致的减排战略。但与这套最优减排战略一起，我们采用财政税收与转移支付政策，以维持现在的基线消费水平（比如说 50 年）。最理想的情况可能是在早期一些年有略低的消费，因此财政政策实验引起了一段时间内减排和财政赤字以及债务积累，接着是财政盈余和债务偿还，这种情况被称为"最优加赤字"战略。在本质上，这种可供选择的方案使消费维持在当前水平，但将社会投资从传统资本（建筑、设备、教育等等）转向减少温室气体排放的投资（可以说是气候资本）。

假设投资与财政政策是有效设计的，使资本能够继续赚到按市场真实收益衡量的边际产值，"最优加赤字"战略将增加未来所有代人（50年后）的消费可能性。换句话说，减排政策的确是帕累托改善。这意味着，在未来某个时间点上，气候资本的投资将会获得收益，产量将超过基线水平，而且债务也将得到偿还。

我们还可以用这个框架来评估《斯特恩报告》极严格的减排战略。考虑采用它的减排战略，并用财政政策来保持50年中消费不变——这就是"《斯特恩报告》加赤字"战略。用等于估算的市场收益的资本收益，《斯特恩报告》的战略给未来子孙后代留下了小于最优加赤字战略中的消费水平。实际上根据我的计算，《斯特恩报告》战略留给未来的是绝对恶化的情况；它是帕累托恶化。《斯特恩报告》的方法是无效的，因为它在低产出的减排战略中投资太多太早。50年以后，传统资本大大减少，而气候资本只是略有增加。有效的战略要把更多投资用于第一个50年后的传统资本，并可以用这些增加的资源在以后大量投资于气候资本。

衡量接近零贴现时的影响

这些分析点有助于理解《斯特恩报告》对未来来自气候变化的潜在危害的估算。《斯特恩报告》的结论是，"对于现在和未来而言，把这些……因素放在一起可能会增加的减排成本，相当于人均消费减少20%"。这种可怕的说法表明，在不久的将来，全球已极为危险地接近气候的悬崖。面对这种严重的前景，任何一个明智的人都确实应该重新考虑现在的政策。

　　进一步的观察发现，这种说法完全是误导，因为它使用了一个不正常的消费损失定义。当《斯特恩报告》说"现在"有相当大的损失时，并不是指"今天"。所用的消费衡量是消费的"平衡增长当量"，实际上是一个每年收入的比例。在零贴现时，这肯定是在无限未来平均每年消费损失的当量。

　　事实上，《斯特恩报告》现在的产量损失估算与"今天"一样，本质上是零。而且，气候变化预期的影响发生在遥远的未来。以具有灾难性和非市场影响的高气候情景为例，在这种情况下，2060年中值损失是世界产量的0.4%，2100年是2.9%，2200年是13.8%。[1]把这种计算作为现在人均消费损失的14.4%（参看斯特恩2007，表6-1）。更悲观来看，它就变成了现在和未来人均消费减少20%情况的"高加"。

　　下个世纪平均产量1%左右的危害如何变成现在和未来消费减少14.4%？答案是用了接近零的贴现，下两个世纪的危害也被随之而来的几百年的长期平均值而压倒了。事实上，如果我们用《斯特恩报告》的方法，超过一半的"现在和未来"估算危害发生在2800年之后。危害之谜解决了。来自全球变暖的大危害反映了在遥远未来，大规模投机性的危害通过接近零的时间贴现率而放大为大的现值。

---

[1]　斯特恩2007，图6.5d，第178与177页。

一个小事件的实验

可以用一个"小事件的实验"说明低贴现的影响。假定科学家发现在气候系统中有一个小事件，从 2200 年开始它引起的危害为净消费的 0.1%，而且可以继续保持这个比率。为了消除两个世纪后才开始出现的问题，今天需要多少一次性投资呢？如果我们用《斯特恩报告》的方法论，答案是我们要支付一年世界消费的 56% 来消除这个小事件。[1] 换句话说，要解决这个在 2200 年开始的小事件需要今天一次性消费接近 30 万亿美元。[2]

根据平均消费水平来说明这一点是很有启发性的。用它的增长预测，《斯特恩报告》证明，为了防止两个世纪以后消费从 8.7 万美元减少到 8.69 万美元，并在此后以这种速度持续下去，现在一年人均消费要从 6600 美元减少到 2900 美元。这个古怪结果的产生是由于未来消费流量的价值在有接近零的时间贴现时如此之高，因此我们应该为了增加一个极小比例的遥远未来收入流而牺牲今天一个相当大比例的收入。这再次提醒我们注意库普曼的警

---

[1] 斯特恩 2007，表格 6.3，第 183—185 页。

[2] 这个结果简化的推导如下：对这个推导，假设消费增长率是不变的 g，人口是不变的，初级的消费是 $C(0)$，而且，拉姆赛方程式与《斯特恩报告》的参数一致。在这种情况下，增长校正的贴现率是 $\theta = r - g =$ 每年 0.001。这个小事件。假设从未来两百年开始有的危害等于一个不变的比例 $\lambda =$ 消费的 0.001。用线性效用，从小事件中得出的危害的现值是：

$$\int_{200}^{\infty} \lambda C(t)\, e^{-\theta t} dt = \lambda C(0)\, e^{-\theta 200}/\theta = \lambda C(0)\, 0.818/.001 = 0.818 C(0).$$

对线性效用，这个小事件的现值是一年现期消费的 81.8%。书中的数字低是因为效用函数的凹形。

告，在考察它们的全部后果之前谨慎地接受关于贴现的理论假设。

一触即发与不确定性

《斯特恩报告》接近零的时间贴现率的一个相关的特点是把现在的决策放在对遥远未来意外事故的一触即发之上。在传统的贴现之下，许多世纪后的意外事件在今天的决策中只有微不足道的权重。决策关注近期。与此相反，根据《斯特恩报告》的贴现方法，现在的决策对遥远未来的不确定事件极其敏感。

我们之前说明了对 2200 年以后收入流量极小的影响可以如何牺牲今天大量消费。我们可以用同一个例子说明遥远未来的不确定性如何被低贴现率放大了。假定气候的小问题并不是一件确定无疑的事；比如假定可以减少 2200 年以后收入流量 0.1% 的小事件有 1% 的概率。为把那个概率变为零需要的今天的保险贴水是多少呢？用传统的贴现率（也可以说是常识性的贴现率），我们会忽略两个世纪后任何极低概率的小事件。

用《斯特恩报告》接近零的贴现率，抵消低概率的小事件会产生巨大的价值。我们今天要支付的保险贴水有一年消费的 8% 之多（接近 4 万亿美元）以消除 2200 年的意外事件。如果认为意外事件会在 2400 年出现而不是 2200 年出现，保险贴水就是一年收入的 6.5%。由于未来被接近零的时间贴现率如此放大，不同门槛日期的政策实际上是相同的。而且，在概率估算上小的修改就会引发美元贴水大的变动。如果发现小事件的概率是 15%，而不是 10%，那么，保险贴水就将增加几乎 50%（约为 6 万亿美元）。

虽然低贴现的这种特点在气候变化政策中看来是无害的，但我们可以想象到这一含义将对其他领域构成威胁。设想可以用低时间贴现率设计反战战略。各国今天可能发动战争，这是因为一个世纪后核扩散的可能性，或者因为两个世纪后强国之间平衡的潜在不利改变，或者因为三个世纪后的可能的技术。并不清楚零贴现率军事战略的计算和统计在全球能存活多久。这是使用低贴现率令人惊讶的另一个例子。

在 DICE 模型和《斯特恩报告》中可供选择的贴现战略

前几节讨论的分析要点可以用全球变暖经济学经验模型加以说明。对模型编制团队以外的人来说，几乎不可能理解《斯特恩报告》的详细结果。这涉及在几章中研究经济学与物理学，剖析复杂的分析（温室效应的政策分析模型，简称 PAGE 模型），并考察了每个经济与科学判断的推导与含义。要理解这些分析更困难，因为在《斯特恩报告》中并没有提供详细的计算。

这里可供选择的方法是用 DICE-2007 模型去解释《斯特恩报告》中的逻辑。为了分析这种方法，我进行了三次运算。每一次的解释如下：

运算 1：DICE-2007 模型中的最优气候变化政策。

运算 2：用《斯特恩报告》零贴现率的最优气候变化。

运算 3：用零贴现率和校正的消费弹性的最优气候变化。

请注意这些运算用了与前几章不同的方法。在分析所有政策时以前的估算用了一致的目标函数。在这一章中，我们研究可供选择的目标函数的影响。

运算 1 计算了在 DICE-2007 模型中的最优气候变化政策。这个运算采用了 DICE-2007 模型，并计算了前几章描述的气候变化政策的最优轨道。运算 1（前几章的最优运算）的最优碳价格是 2015 年每吨碳 42 美元，随着时间的推移一直上升，在 2050 年达到每吨 95 美元，并在 2100 年达到 207 美元（所有数据都以 2005 年美元计）。在没有排放限制时，2005 年每吨碳的社会成本是 28 美元。最优减排率 2015 年是 16%，2050 年是 25%，而 2100 年是 42%。这条最优路径导致预测全球温度从 1900 年到 2100 年增加了 2.8℃。

刚刚讨论的标准的 DICE 模型的结果大大地不同于《斯特恩报告》的结果。《斯特恩报告》估算，在无控制的制度下现在碳的社会成本在 2005 年是每吨 350 美元。[1] 这个数字比 DICE 模型高出 10 倍。看来《斯特恩报告》大幅度减排与碳的高社会成本的主要原因是低时间贴现率。

---

[1] 斯特恩 2007，第 344 页（每吨二氧化碳 85 美元及 2000 年的价格）。

因此我用《斯特恩报告》的零贴现率计算了运算 2 的最优气候变化。假设与运算 1 相同,只是时间贴现率变为每年 0.1% 和消费弹性变为 1。这就根本改变了最优气候变化政策轨道。2015 年 DICE 模型中的最优碳价格从运算 1 中的每吨 42 美元升至运算 2 中的 348 美元。在运算 2 中推荐的减排也大得多——在 2005 年减排 51%——因为未来的危害实际上被视为现在就会出现的。因此运算 2 证实了资本的低实际收益会引起极高的初始碳价格以及急剧的初期减排,气候政策逐渐趋于平缓。

运算 2 的问题之一是与实际市场数据相比它引起的真实的收益太低而储蓄率太高。我们用运算 3 校正了这一点,即最优气候变化用零贴现率和重新校对的消费弹性。这一运算根据拉姆赛方程式得出,它保持了接近零的时间贴现率,并校准消费弹性与所观察到的变量一致。这种校正得出的参数,ρ 为每年 0.1% 而 α 为 3。这个校正得出了,与运算 1 中平均每年 5.2% 相比,资本的真实收益在运算 3 中前八个时期是 5.2%。在此期间,运算 2(《斯特恩报告》运算)中真实收益是每年 1.9%。

运算 3 看来非常类似于运算 1,它是标准 DICE 模型的最优政策。运算 3 的碳价格在 2015 年是 43 美元,它略高于运算 1 运算的每吨碳 42 美元。重新校准的运算 1 看来与运算 2 完全不同,它反映了《斯特恩报告》的假设。有零时间贴现率的运算 3 如何能如此像运算 1 呢?原因是运算 3 保持了资本高收益的结构。这种校准至少在短期内消除了以前讨论的成本收益两难困境以及储蓄和不确定性问题。

图 9-1 与图 9-2 说明了在以前考察的三种运算之下最优碳税和资本收益率的时间路径。这些图说明《斯特恩报告》中决定高碳税的不是时间贴现率本身，而是时间贴现率与消费弹性的结合，它们通过资本收益率发挥作用。

这些试验突出了《斯特恩报告》和许多其他经济模型的关键差别在于体现在模型中暗含的资本真实收益。与实际宏观经济数据相比，《斯特恩报告》的校准给了太低的收益率和太高的储蓄率。如果设计的模型要符合当前市场数据，那么模型编制者在选

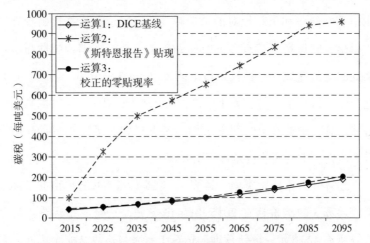

图 9-1　对《斯特恩报告》分析中三种可供选择的运算的最优碳税
不同的运算中估算的最优碳税，或损失的边际成本与排放的边际成本均衡的价格。书中解释了这些运算。这些数字略低于估算的无控制运算时碳的社会成本。每吨碳价格按 2005 年国际美元衡量。

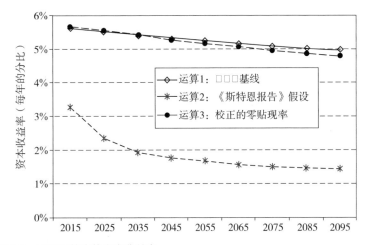

图 9-2　不同运算中的资本收益率

《斯特恩报告》方法分析图运算中的资本边际产值。在概念上，收益是从一个时期到下一时期消费的贴现率。模型并没有包括通货膨胀、风险或税收。图中反映了估算的不同时期的几何平均真实收益。

择贴现率和消费弹性时就只能有一级而不是二级自由。《斯特恩报告》看来在贴现中迷失了，又由于忽略了对两个实证参数的限制而没有看到整个资本市场。

　　自第一次这样分析起，其他模型编制者也发现了类似的结果。一组特别有启发的运算是由克里斯·霍普（Chris Hope）所进行的，他是《斯特恩报告》中用于一些经济模型编制的 PAGE 模型的设计者。霍普试图在自己的模型中重现《斯特恩报告》的结果。他发现，当他替代在 PAGE 模型正常使用的假设和贴现率时，碳的中值社会成本只是每吨碳 43 美元。简单用每年 0.1% 的贴现率代入 PAGE 模型，把碳的中值社会成本从每吨碳 43 美元提高到每吨碳 364 美元，这接近于本文的结果。[1] 瑟奇·米塔科夫（Sergey Mityakov）的一项研究用了另外一种校准的全球变暖经济学模型，发现《斯特恩报告》的贴现假设把危害的现值提高了 8 到 16 倍，这取决于所用的基线贴现率。[2]

聪明的读者会在这里得出，全球变暖是一个复杂的现象，有许多见解可以帮助说明这个问题。制定明智的决策要求有一组可靠的可供选择的方案以及明智地分析有没有预料之外的情况并引起一些不正常的结果。《斯特恩报告》的主要缺点之一正是缺乏这种可靠的分析。

总　结

全球减少温室气体排放应该减多少和减多快？各国应该如何平衡这些减少的成本与气候变化带来的风险与危害呢？《斯特恩报告》对这些问题的回答是明确的：我们需要马上大幅度地减少温室气体排放。

我想起哈里·杜鲁门总统抱怨，他的经济学家们总是众说纷纭。他想要一个专断的经济学家。《斯特恩报告》使总统的美梦成真了。它得出了决定性结论，而不是可怕的推测、偶然事件以

---

[1]　Hope 2006.

[2]　Mityakov 2007.

及局限性。但是，认真分析就会发现，仍然存在回答的另一方面。《斯特恩报告》对气候变化经济学的激进观点并不是来自新的经济学、科学或者模型编制。相反它决定性地依赖于接近零的时间贴现率和特定效用函数的结合。《斯特恩报告》中需要立即采取行动的明确的结论用更与今天市场真实利率和储蓄率一致的假设代替后，就失去了价值。因此，全球变暖政策的中心问题——多少、多快与多少成本——仍然在被争论中。《斯特恩报告》对这些基本问题并没有提供有用的回答。

第 10 章 |
结 论

本书介绍了 DICE-2007 模型的结果，它是早期全球变暖经济模型的完全修改版。这个模型是一个全球的总量模型，它包括了在分析与气候变化相关的问题中所涉及的主要因素的简化代表。DICE 模型的主要特点是，它允许我们以简化而透明的方式分析可选择的政策的经济与环境影响，包括没有控制的政策、经济上最优的政策、有气候目标的政策，以及从《京都议定书》这样的现行政策得出的政策。我们用一些局限性与总结性结论来结束本书。

局限性

我们在评价本书的结果时从一些局限性开始。这些局限性是对第 3 章讨论的有争议问题的补充。第一个局限性是，模型的结构、方程式、数据和参数都有重大的不确定因素。事实上并没有完全了解主要的组成部分。而且，由于模型体现了对缺乏了解现象的长期预测，因此，随着预测深入到未来，结果的误差范围会越来越大。例如，温度预测表明了 2100 年不确定性的范围（大体上在分布的中间三分之二）为 1.9 ℃到 4.0 ℃。

不确定性对政策的影响并不明显。普遍的推测是不确定性会导致对碳排放更严格的限制和更高的碳税。但这并不一定正确。如果不确定性主要来自生产率的变化，那么不确定性的存在就可能会导致更低的最优碳税。而且，明智的政策会依靠解决不确定性的时间路径；更快地解决不确定问题意味着，在明确未来的准确结果之前，施行成本较低的限制措施可能是有益的。本书中不确定性分析一个初步结论是，最好的猜测或相当于准确的政策与预期值政策差别并不大。

第二个局限性与第一个相关，即 DICE 模型只是理解全球变暖中引起的经济与政策问题的一种方法。它体现了模型编制哲学与分析和经验倾向以及作者的偏好。其他模型提供了这种方法中没有的角度与重要见解。特别重要的是不同空间与时间总量问题，富裕与贫穷的不同代和国家的分配问题，动态、大气化学、地球物理科学中的地区细节，资本存量的稳定性、政治刚性，以及在国际协议中的谈判问题。没有一种药可以包治百病，也没有一个模型可以准确地回答所有问题。

第三个主要局限性是 DICE 模型高度简化了排放、浓度、气候变化、减排成本以及气候变化影响之间的主要关系。许多地区细节在总量中隐藏着或者失去了，而且所涉及的一些权衡交替，特别是富裕与贫困地区之间的权衡交替都没有被揭示出来。

用高度总量关系是一个主要关注点。系统中不同部分之间的关系是极为复杂的，特别是因为涉及长期的动态。因此，用一个尽可能简单和透明的模型进行研究是有用的。复杂的系统不容易理解，而且由于复杂的非线性关系相互作用，奇异的行为也可能会产生。要包括更多的经济部门、更多的海洋层次、更多的温室气体、更多的能源资源、更多的生产函数层次，或者更多个地区，就会降低透明性，妨碍模型的使用，并削弱它进行敏感度分析的能力。我们向那些认为自己的原理总体上被过分简化的作者道歉。同时邀请他们提供关键的原理或经济过程的更好简化代表来帮助改善我们的理解。在模型缩制中，小的是真正美好的。

主要结论

本书包括了许多讨论的结果。在这一节，我突出强调 10 个主要结论。

第一个主要观点是，理想而有效的气候变化政策应该是较为便宜的，而且对长期气候变化有相当大的影响。这种政策我们称之为"最优"政策，它设定的减排目标是使人类的经济福利最大化。最优政策的净现值收益是 3 万亿美元。我们估计，最优政策对全球减排成本的现值为 2 万亿美元左右，相当于贴现的世界收入的 0.1%。（记住，书中所有文本和图表中的美元价值都以 2005

年美元为单位，并用购买力平价汇率衡量。）

最优政策把全球相对于 1900 年温度的增加在 2100 年降到 2.6 ℃，2200 年降到 3.4 ℃。如果浓度或温度限制加上经济最优，除了最雄心勃勃的目标以外，增加成本是较为适当的。例如，把二氧化碳浓度限定于前工业化社会水平的两倍会增加现值成本 4000 亿美元，而把全球温度的增加限定为 2.5 ℃比最优会增加现值成本 1.1 万亿美元。

注意，虽然政策的净影响并不大，而总的贴现的气候危害是大的。我们估算出，在基线（没有控制）情况时气候危害的现值为 22.6 万亿美元，相比之下在最优情况下是 17.3 万亿美元。

第二点是碳的社会成本（SCC）与碳税或碳价格的发现。正如表 5-1 说明的，我们的估算是，基线情况时 2005 年 SCC 每吨约为 28 美元（一般按二氧化碳价格引用的价格 3.67 倍略小一点，因此现在二氧化碳的社会成本每吨为 7.4 美元）。这个数字略高于最优碳税，2005 年估算的最优碳税为每吨 27 美元。

这些数字是最有信息价值的气候变化政策达到最优的指标。最优碳税是为了使全球走上经济上最优的路径需要实行的碳排放水平——在这条路径上增加的成本与收益是平衡的。基线 SCC 表明应该采取的任何有效排放计划的最大值。一个有效的局部计划（比如说，小于完全参与的情况）会有高于最优价格的碳价格，但绝不会高于没有控制的 SCC。

有中间气候目标的 SCC 略高于基线或最优计划的 SCC，这是因为它们暗含着假设在门槛时有极高的成本。例如，初始有二氧化碳浓度加倍限制的 SCC 是每吨碳 29.2 美元，相比之下，基线时每吨碳 28.10 美元。除了极为严格的情况，适用于气候限制的碳税接近于经济最优的情况。再比如，与二氧化碳浓度加倍和 2.5 ℃情况相关的 2010 年碳价格分别为每吨碳 40 美元和 42 美元，相比之下没有限制的最优为每吨 34 美元。

本书还说明了，最优碳价格轨道在未来几十年中应该一直上升，以反映增加的危害与增加的约束的需要。例如，在最优轨道时，碳价格在 2050 年每吨将上升到 95 美元，而到 2100 年应该上升到 202 美元。碳价格的最终限制取决于支柱技术（为多用途提供极丰富零碳燃料替代品的技术）的成本。还要注意气候限制的情况说明碳价格增加的斜率取决于选择的准确目标。

第三点涉及成本—收益政策的必要性（或者说，需要避免无效的政策）。在前两个总结点中引用的结果假设政策的表现是有效的。这就意味着，碳价格在各地区和各国间是一致的，没有例外或受到偏爱的地区，而且碳价格的路径选择正确。我们今天已知这些都是不现实的。例如，在《京都议定书》中，碳价格在不同国家间是不同的（从高到零）；在所包括的某个国家内，一些地区受到偏爱；而且一直没有一个保证有效配置的机制。

没有美国的《京都议定书》的结果就是一个高度无效战略的例子。由于在这种情况下制度是最低限度而且扭曲的，危害的现值只小于基线 1200 亿美元，而排放成本要高出 700 亿美元。这

种估算假设在协议区域之内有效地实施了政策，但显然不是这种
情况。

在斯特恩和戈尔的制度中提出的"雄心勃勃的政策"有另外
的问题。由于在短期中实施了太大的减排，政策是无效的。换句
话说，他们没有考虑到有效的排放控制政策有一个向上倾斜的弯
道，如图 5-4 和图 5-5 所示。由于"雄心勃勃的建议"中初始的减
排如此急剧，因此要达到同样的环境目标需要高得多的成本。

而且，这里的结果包括了对经济效率参与的重要性的估计。
完全的参与是重要的，因为减排的成本函数看来是高度凸出的。
我们初步估算，50% 的参与率而不是 100% 的参与率给减排带来
的成本惩罚为 250%。

同样的问题也出现在用技术标准代替普遍的市场机制时。两
种主要建议是限制烧煤的发电厂与大幅度提高汽车的燃料标准。
如果严格限制排放量，这两个行业都需要进行重大调整，但技术
标准却是含混并无效的工具。一些节约燃料建议的碳税当量计算
表明，它们远远高于最优碳税，从而引起的成本比满足同样目标
需要的更高。

我们可以根据一种排放控制战略是否覆盖了整个经济来考虑
参与。许多政策侧重于经济的一小部分，例如汽车行业的燃料节
约标准。在这里有效参与的高成本也以同样适用。例如，如果一
半有平均排放强度的经济体由于政策关注而被排除，比如说农民、
穷人，工会、强大的游说团体或者国际竞争，那么达到气候目标

的成本也有 250% 的成本惩罚。关注参与适用于一国内也适用于各国间。

第四点涉及 DICE 模型对温室气体排放和气候变化的预测。DICE 对排放的预测与 IPCC 所用的许多预测不同。正如图 3-2 中说明的，DICE 模型二氧化碳排放是在直至 2030 年 SRES 预测的低端。但在 2030 年以后，SRES 预测倾向于停滞，而 DICE 模型在基线下的预测是，零排放战略下继续迅速增长。

DICE 基线温度预测在 IPCC 第四份评估报告分析的预测的中低端。IPCC 第四份评估报告给出了全球中值温度在 1980—1999 年到 2090—2099 年上升 1.8 ℃和 4 ℃之间的最佳估算。DICE 基线得出在同一时期全球中值温度增加为 2.2 ℃。[1]

第五点是根据净影响、避免的成本、避免的危害和收益—成本比率来看，低成本且环境无害的支柱技术的经济收益是巨大的。我们估计低成本技术解决方法的净现值有 17 万亿左右。

第六点涉及对《京都议定书》的分析。本书和早期研究的分析说明，现在的《京都议定书》无论在其环境合理性，还是经济影响上，都有严重的缺点。冻结一些国家部分排放的方法。与特定的浓度、温度或危害目标无关。正如表 5-3 说明的，《京都议定书》的不同版本都通过了成本—收益检验。但是，相对于其他政策，它们的净收益极小。例如，正如表 5-1 说明的，与有效政策

---

[1] IPCC 2007b，第 13 页。

的净收益 3.4 万亿美元相比，现在的《京都议定书》（不包括美国）净收益只有 0.15 万亿美元。而且，一旦把《京都议定书》的不同版本的无效性包括在内，它们甚至不能通过这里用的最低成本—收益检验。

对《京都议定书》的一种不同且更乐观的解释是，它是通往更有效的气候变化国际协议道路上艰难的第一步。事实上初始减排低与本书的结果并不矛盾，尽管实施极其不充分。如果我们把"京都玻璃杯"视为四分之一满而不是四分之三空，那么，需要进行一些重大改变来提升效果。

第七个结论涉及我们所说的"雄心勃勃的建议"——与《斯特恩报告》的建议、前副总统戈尔的建议、最近来自德国政府的建议相关。这些建议倾向于尽早减排。尽管《斯特恩报告》没有明显的目标，但它表明要实现 450ppm 目标必须全球减排 85%（参看斯特恩，2007，图 8-4，虽然在二氧化碳浓度和二氧化碳浓度当量之间有点含糊）。2007 年戈尔对美国的建议——二氧化碳排放减少到低于现在水平 90%——甚至更为激进。同样雄心勃勃的是 2007 年德国建议到 2050 年把全球二氧化碳排放限定为 1990 年水平的 50%。

显而易见，实现这些"雄心勃勃的目标"就要求大幅度减排，但过早减排引起的时间成本远高于必要成本。例如，相对于不控制，戈尔和斯特恩的建议净成本为 17 万亿到 22 万亿美元；这比今天什么也不做成本更高。德国建议的排放目标接近于《斯特恩报告》的分析，而且成本惩罚可能也是相似的。这些结论并不意味着永远什么也不做优于采纳这些建议，而是在 20 到 30 年内进行大幅度减排（例如减排 80% 或 90%）并没有经济上的优势。

第八，我们进行了初步的不确定性分析。不确定性运算的一个重要的应用是研究高气候变化结果的风险性质问题。当气候变化处于高端时，经济应该规避结果的风险吗？现代风险与保险理论认为，对不同结果的风险贴水是由世界上不同国家的风险与消费的相关性决定的。我们的计算揭示了一个主要的悖论：按温度变化的高气候变化结果是与消费正相关的。这导致了一个矛盾的结果，即高气候变化国家存在负的风险贴水。这个悖论的产生是由于在我们的计算中，全要素生产率的增长（它与消费正相关）是不确定性的并超过了气候系统和危害函数（它与消费是负相关）的不确定性。

第九，从这里分析的气候政策得出的对能源市场干预的规模和范围不应该被低估。图 5-11 说明了不同政策和时期的碳收入转移占总消费的百分比。收入转移是从消费者转移给生产者（如果许可证分配给生产者）或者政府（如果限制是通过有效的碳税实施的）的消费总额。收入再分配占世界消费的一个相当大比例，特别是对雄心勃勃的计划而言。对这些计划，近期内转移或税收占世界消费的 2% 左右。例如，在 2015 年减排 50% 据估算要求的碳税为每吨碳 300 美元左右，这就引起全球 1500 万亿美元左右来自消费者的收入转移。尽管这种量并没有超过像战争时期这样的极端财政循环，但它们要求的财政动员看起来并不正常。在最优或气候限制计划中，转移逐渐增加到消费的 1% 左右，这本身就是财政结构的重大变化。往往较小的税收和价格增加也会引起抗议，因此即使是经济最优这样适当的计划在政治上也是艰难的。

最后，我们考察了像碳这样的价格类型方法与像《京都议定书》采用的数量类型方法的相对优点。在平衡中要考虑许多因素。价格类型方法的一个优点是它们可以更容易且更灵活地把减排的经济成本与收益结合在一起，而《京都议定书》中的方法与最终的环境或经济目标没有明显的联系。这种优点由于该领域中巨大的不确定性和演进的科学知识而不断加强。面对大量的不确定性时排放税更有效率，因为收益与成本之间是相对线性的。相关的观点是，在排放—目标方向之下，数量限制将导致碳的市场价格巨大波动。此外，碳税方法比数量方法更容易获得收入，而且价格类型方法也更少引起税收扭曲。税收方法还比数量限制更少产生腐败和金融诈骗的风险，因为税收方法不具有鼓励寻租行为的人为稀缺性。

碳税看来也有缺点，因为它们对排放、浓度和温度变化没有硬性限制。但这主要是一种虚幻的缺点。对于哪些排放、浓度或温度会导致有危害的干预，甚至是否存在危险的干预，存在很大的不确定性。关键问题是：哪一种政策方法会随着新证据的获得更灵活地改变政策？它能被证明更容易定期进行重大调整，以修正不正确的一致碳价格或者不正确的排放限制吗？这些机制的相对灵活性是一个有争论的研究问题。

我们提出了综合的方法，这被称为"封顶与税收"，可以结合数量和价格两种方法的优势。综合计划的一个例子是将传统的封顶与交易制度以及基本碳税与根据惩罚价格得到的安全性结合起来。例如，起初碳价格可能是每吨碳 30 美元，而购买安全值附加许可证需要额外支付 50% 的费用。

关于政策工具的主要信息如下：作为决策者追求更有效的方法来减缓危险的气候变化时，他们应该考虑到，像一致碳税这样的价格类型方法是协调政策和减缓全球变暖的强有力工具。

对本书的总结是，气候变化是一种复杂的现象，有巨大的不确定性，而且我们的知识几乎每天都在发生变化。气候变化不大可能在近期造成灾难，但在长期中有潜在的严重危害。设计有效的方法有大的经济风险。没有减排时，总的贴现的经济危害在 23 万亿美元左右。通过设计良好的政策可以大大减少这些危害，但像现在的《京都议定书》这样设计不好的政策不太可能在减少危害上取得进展，它成本很高，而且可能降低人们探求更有效方法的积极性。同样，过于雄心勃勃的计划也是有漏洞而且欠妥的，还可能造成比收益更多的经济危害。

作者认为，最好的方法是逐渐引入对碳排放限制的方法。一种特别有效的方法是国际上一致的碳税，这种方法能够迅速在全球普遍推广，并在效果上具有统一性。坚定而稳定地增加一致的碳税虽然不像那些速成计划看起来效果显著，但它不太可能在政治上遭到强烈的反对并最终以妥协而失败。缓慢、稳定、普遍、可预见，当然地不那么省事——这些也许是应对全球变暖的成功政策的秘密。

附 录 |
DICE-2007 模型的方程式

这个附录列出了 DICE-2007 模型的主要方程式。我们略去了像初始条件这样不重要的方程式。完整方程式参看 GAMS 项目，网址：http://www.econ.yale.edu/~nordhaus/home/page/DICE 2007.htm。

模型方程式

（A.1） $W = \sum_{t=1}^{Tmax} u \left[c(t), L(t) \right] R(t)$

（A.2） $R(t) = (1+\rho)^{-t}$

（A.3） $U \left[c(t), L(t) \right] = L(t) \left[c(t)^{1-\alpha} / (1-\alpha) \right]$

（A.4） $Q(t) = \Omega(t) \left[1 - \Lambda(t) \right] A(t) K(t)^{\gamma} L(t)^{1-\gamma}$

（A.5） $\Omega(t) = 1 / \left[1 + \psi_1 T_{AT}(t) + \psi_2 T_{AT}(t)^2 \right]$

（A.6） $\Lambda(t) = \pi(t) \theta_1(t) \mu(t)^{\theta_2}$

（A.7） $Q(t) = C(t) + I(t)$

（A.8） $c(t) = C(t)/L(t)$

（A.9） $K(t) = I(t) + (1 - \delta_K)K(t-1)$

（A.10） $E_{Ind}(t) = \sigma(t)[1 - \mu(t)]A(t)K(t)^\gamma L(t)^{1-\gamma}$

（A.11） $CCum \geqslant \sum\limits_{t=0}^{Tmax} E_{Ind}(t)$

（A.12） $E(t) = E_{Ind}(t) + E_{Land}(t)$

（A.13） $M_{AT}(t) = E(t) + \phi_{11}M_{AT}(t-1) + \phi_{21}M_{UP}(t-1)$

（A.14） $M_{UP}(t) = \phi_{12}M_{AT}(t-1) + \phi_{22}M_{UP}(t-1) + \phi_{32}M_{LO}(t-1)$

（A.15） $M_{LO}(t) = \phi_{23}M_{UP}(t-1) + \phi_{33}M_{LO}(t-1)$

（A.16） $F(t) = \eta\{log_2[M_{AT}(t)/M_{AT}(1750)]\} + F_{EX}(t)$

（A.17） $T_{AT}(t) = T_{AT}(t-1) + \xi_1\{F(t) - \xi_2 T_{AT}(t-1) - \xi_3[T_{AT}(t-1) - T_{LO}(t-1)]\}$

（A.18） $T_{LO}(t) = T_{LO}(t-1) + \xi_4\{T_{AT}(t-1) - T_{LO}(t-1)]\}$

（A.19） $\pi(t) = \phi(t)^{1-\theta_2}$

变量定义与单位（内生变量用＊标出）

$A(t)$ = 全要素生产率（生产率单位）

＊$c(t)$ = 人均物品与劳务消费（每人 2005 年美元）

＊$C(t)$ = 物品与劳务消费（2005 年万亿美元）

$E_{Land}(t)$ = 来自土地使用的碳排放（每个时期十亿吨）

＊$E_{Ind}(t)$ = 工业碳排放（每个时期十亿吨）

*$E(t)$= 总碳排放（每个时期十亿吨）

*$F(t)$, $F_{EX}(t)$= 总的和外生的辐射强迫（从 1900 年以来的每平方米瓦特）

*$I(t)$= 投资（2005 年万亿美元）

*$K(t)$= 资本存量（2005 年万亿美元）

$L(t)$= 人口与劳动投入（百万）

*$M_{AT}(t)$, $M_{UP}(t)$, $M_{LO}(t)$= 大气中，上层海洋以及下层海洋储存的碳量（开始时期，10 亿吨碳）

*$Q(t)$= 物品与劳务净产量，净排放与危害（2005 年万亿美元）

t= 时间（从 2001—2010 年，2011—2020 年……十年）

*$T_{AT}(t)$, $T_{LO}(t)$= 全球表面温度与低层海洋的温度（从 1900 年以来增加℃）

*$U[c(t), L(t)]$= 瞬时的效用函数（每时期效用）

*W= 按效用现值的目标函数（效用单位）

*$\Lambda(t)$= 减排成本函数（作为世界产量比例的减排成本）

*$\mu(t)$= 排放—控制率（无控制排放的比例）

*$\Omega(t)$= 危害函数（作为世界产量比例的气候危害）

*$\phi(t)$= 参与率（包括在政策中的排放比例）

*$\pi(t)$= 参与成本构成（作为有完全参与减排成本的不完全参与的减排成本）

*$\sigma(t)$= 未控制的工业排放与产量的比率（按 2005 年价格的每单位产量的碳吨数）

参　数

α = 消费的边际效用弹性（纯数字）

$CCum$ = 化石燃料最大消费（10 亿吨碳）

γ = 产量对资本的弹性（纯数字）

δ_k = 资本折旧率（每个时期）

$R(t)$ = 社会时间偏好贴现因素（每时间时期）

$Tmax$ = 模型估算的时期长度（60 时期 = 600 年）

η = 温度影响参数（每平方米℃每瓦特）

ϕ_{11}，ϕ_{12}，ϕ_{21}，ϕ_{22}，ϕ_{23}，ϕ_{32}，ϕ_{33} = 碳循环的参数（每时期流量）

ψ_1，ψ_2 = 危害函数的参数

ρ = 纯社会时间偏好率（每单位时间）

$\theta_1(t)$，θ_2 = 减排成本函数的参数

ξ_1，ξ_2，ξ_3，ξ_4 = 气候方程式参数（每时期流量）

对时期的说明

现在的模型运算根据 10 年时间步长。变量一般定义为每年流量，但一些变量是每 10 年流量。传送参数一般每 10 年定义一次。使用者应该核对 GAMS 项目以确定时间步长的准确定义。

参考书目 |

Aldy, Joseph, Scott Barrett, and Robert Stavins. 2003. "Thirteen Plus One: A Comparison of Global Climate Policy Architectures." *Climate Policy* 3: 373–397.

Arrow, K. J., W. Cline, K. G. Maler, M. Munasinghe, R. Squitieri, and J. Stiglitz. 1996. "Intertemporal Equity, Discounting and Economic Efficiency." In *Climate Change 1995—Economic and Social Dimensions of Climate Change*, ed. J. Bruce, H. Lee, and E. Haites. Cambridge: Cambridge University Press, 125–144.

Beckerman, Wilfred, and Cameron Hepburn. 2007. "Ethics of the Discount Rate in the *Stern Review on the Economics of Climate Change*." *World Economics* 8(1): 187–210.

Brooke, Anthony, David Kendrick, Alexander Meeraus, and Ramesh Raman. 2005. *GAMS: A User's Guide.* Washington, DC: GAMS Development Corporation.

Byatt, Ian, Ian Castles, Indur M. Goklany, David Henderson, Nigel Lawson, Ross McKitrick, Julian Morris, Alan Peacock, Colin Robinson, and Robert Skidelsky. 2006. "The *Stern Review*: A Dual Critique: Part II: Economic Aspects." *World Economics* 7(4): 199–232.

Carter, Robert M., C. R. de Freitas, Indur M. Goklany, David Holland, and Richard S. Lindzen. 2006. "The *Stern Review*: A Dual Critique: Part I: The Science." *World Economics* 7(4): 167–198.

Cass, David. 1965. "Optimum Growth in an Aggregative Model of Capital Accumulation." *Review of Economic Studies* 32(3): 233–240.

Cline, William. 1992. *The Economics of Global Warming.* Washington, DC: Institute for International Economics.

Congressional Quarterly. 2007. "Gore's Global Warming Plan Goes Far beyond Anything Capitol Hill Envisions." Downloaded from March 21, 2007, online edition at http://public.cq.com/docs/cqt/news11000000 2475002.html.

Convery, Frank J., and Luke Redmond. 2007. "Market and Price Developments in the European Union Emissions Trading Scheme." *Review of Environmental and Economic Policy* 1: 88–111.

Cooper, Richard. 1998. "Toward a Real Treaty on Global Warming." *Foreign Affairs* 77: 66–79.

Dasgupta, Partha. 2005. "Three Conceptions of Intergenerational Justice." In *Ramsey's Legacy*, ed. H. Lillehammer and D. H. Mellor. Oxford: Clarendon Press, 149–169.

Dasgupta, Partha. 2006. "Comments on the *Stern Review*'s Economics of Climate Change." Cambridge University, November 11 (revised December 12).

Edmonds, Jae. 2007. Personal communication, January 10.

Ellerman, Denny A., and Barbara K. Buchner. 2007. "The European Union Emissions Trading Scheme: Origins, Allocation, and Early Results." *Review of Environmental and Economic Policy* 1: 66–87.

EPA (Environmental Protection Agency). 2006. *Acid Rain Program Allowance Auctions.* http://www.epa.gov/airmarkets/auctions/index.html (accessed November 9, 2006).

European Commission. 2006. "European Union Emission Trading Scheme." http://europa.eu.int/comm/environment/climat/emission.htm (accessed November 9, 2006).

Füssel, H.-M., F. L. Toth, J. G. Van Minnen, and F. Kaspar. 2003. "Climate Impact Response Functions as Impact Tools in the Tolerable Windows Approach." *Climatic Change* 56: 91–117.

Gollier, Christian. 2006. "An Evaluation of Stern's Report on the Economics of Climate Change." IDEI Working Paper no. 464.

Gore, Albert J., Jr. 2007. "Moving beyond Kyoto." *New York Times,* July 1.

Goulder, Lawrence, and A. Lans Bovenberg. 1996. "Optimal Environmental Taxation in the Presence of Other Taxes: General Equilibrium Analyses." *American Economic Review* 86: 985–1000.

Goulder, Lawrence, Ian Parry, and Dallas Burtraw. 1997. "Revenue-Raising vs. Other Approaches to Environmental Protection: The Critical Significance of Pre-existing Tax Distortions." *RAND Journal of Economics* 28: 708–731.

Govindasamy, B., K. Caldeira, and P. B. Duffy. 2003. "Geoengineering Earth's Radiation Balance to Mitigate Climate Change from a Quadrupling of CO_2." *Global and Planetary Change* 37: 157–168.

Hansen, James, Makiko Sato, Reto Ruedy, Ken Lo, David W. Lea, and Martin Medina-Elizade. 2006. "Global Temperature Change." *Proceedings of the National Academy of Sciences (U.S.)* 103: 14288–14293.

Hoel, Michael, and Larry Karp. 2001. "Taxes and Quotas for a Stock Pollutant with Multiplicative Uncertainty." *Journal of Public Economics* 82: 91–114.

Hope, Chris. 2006. "The Marginal Impact of CO_2 from PAGE2002: An Integrated Assessment Model Incorporating the IPCC's Five Reasons for Concern." *Integrated Assessment* 6: 19–56.

IIASA (International Institute of Applied Systems Analysis) World Population Program. 2007. "Probabilistic Projections by 13 World Regions, Forecast Period 2000–2100, 2001 Revision." Available online at http://www.iiasa.ac.at/Research/POP/proj01/.

International Monetary Fund. 2006. *World Economic and Financial Surveys, World Economic Outlook Database.* September 2006 edition. Available online at http://www.imf.org/external/pubs/ft/weo/2006/02/data/index.aspx.

IPCC (Intergovernmental Panel on Climate Change). 1996. *Climate Change 1995—Economic and Social Dimensions of Climate Change.* Ed. J. Bruce, H. Lee, and E. Haites. Cambridge: Cambridge University Press.

IPCC (Intergovernmental Panel on Climate Change). 2000. *Special Report on Emissions Scenarios.* Cambridge: Cambridge University Press.

IPCC (Intergovernmental Panel on Climate Change). 2001. *Climate Change 2001: The Scientific Basis.* Ed. J. T. Houghton, Y. Ding, D. J. Griggs, M. Noguer, P. J. van der Linden, and D. Xiaosu. Contribution of Working Group I to the Third Assessment Report of the Intergovernmental Panel on Climate Change. Cambridge: Cambridge University Press.

IPCC (Intergovernmental Panel on Climate Change). 2005. *IPCC Special Report on Carbon Dioxide Capture and Storage.* Ed. Bert Metz, Ogunlade Davidson, Heleen de Coninck, Manuela Loos, and Leo Meyer. Available online at http://www.ipcc.ch/activity/srccs/index.htm.

IPCC (Intergovernmental Panel on Climate Change). 2007a. "Summary for Policymakers." In *Climate Change 2007: Impacts, Adaptation and Vulnerability.* Ed. Martin Parry, Osvaldo Canziani, Jean Palutikof, Paul van der Linden, and Clair Hanson. Contribution of Working Group II to the Intergovernmental Panel on Climate Change, April. Available online at http://www.ipcc.ch/.

IPCC (Intergovernmental Panel on Climate Change). 2007b. *Climate Change 2007: The Physical Science Basis.* Ed. Bert Metz, Ogunlade Davidson, Peter Bosch, Rutu Dave, and Leo Meyer. Contribution of Working

Group I to the Fourth Assessment Report of the Intergovernmental Panel on Climate Change. Available online at http://ipcc-wg1.ucar.edu/wg1/wg1-report.html.

Keith, David W. 2000. "Geoengineering the Climate: History and Prospect." *Annual Review of Energy and the Environment* 25 (November): 245–284.

Keller, K., M. Hall, S.-R. Kim, D. F. Bradford, and M. Oppenheimer. 2005. "Avoiding Dangerous Anthropogenic Interference with the Climate System." *Climatic Change* 73: 227–238.

Kelly, David L., and Charles D. Kolstad. 1999. "Integrated Assessment Models for Climate Change Control." In *International Yearbook of Environmental and Resource Economics 1999/2000: A Survey of Current Issues,* ed. Henk Folmer and Tom Tietenberg. Cheltenham, UK: Edward Elgar, 171–197.

Klepper, Gernot, and Sonja Peterson. 2005. "Emissions Trading, CDM, JI, and More—The Climate Strategy of the EU." Kiel Working Paper 1238. Kiel, Germany: Institut für Weltwirtschaft.

Koopmans, Tjalling C. 1965. "On the Concept of Optimal Economic Growth." *Academiae Scientiarum Scripta Varia* 28(1): 1–75. Available online at http://cowles.econ.yale.edu/P/au/p_koopmans.htm.

Kruger, Joseph, Wallace E. Oates, and William A. Pizer. 2007. "Decentralization in the EU Emissions Trading Scheme and Lessons for Global Policy." *Review of Environmental and Economic Policy* 1: 112–133.

Lutz, Wolfgang. 2007. Personal communications, May 18 and May 21.

MacCracken, Christopher N., James A. Edmonds, Son H. Kim, and Ronald D. Sands. 1999. "The Economics of the Kyoto Protocol." In *The Costs of the Kyoto Protocol: A Multi-model Evaluation,* ed. John Weyant and Jennifer Hill. *Energy Journal,* special issue: 25–72.

MAGICC (Model for the Assessment of Greenhouse-Gas Induced Climate Change). 2007. Tom Wigley, Sarah Raper, Mike Salmon and Tim Osborn, developers. Available online at http://www.cgd.ucar.edu/cas/wigley/magicc/index.html.

Manne, Alan S., and Richard G. Richels. 1992. *Buying Greenhouse Insurance: The Economic Costs of Carbon Dioxide Emission Limits.* Cambridge, MA: MIT Press.

Manne, Alan S., and Richard Richels. 1999. "The Kyoto Protocol: A Cost-Effective Strategy for Meeting Environmental Objectives?" In *The Costs of the Kyoto Protocol: A Multi-model Evaluation,* ed. John Weyant and Jennifer Hill. *Energy Journal,* special issue: 1–24.

Manne, Alan S., and Richard G. Richels. 2001. "U.S. Rejection of the Kyoto Protocol: The Impact on Compliance Costs and CO_2 Emissions." AEI–Brookings Joint Center Working Paper no. 1-12.

McKibbin, Warwick J., and Peter Wilcoxen. 2002. "The Role of Economics in Climate Change Policy." *Journal of Economic Perspectives* 16: 107–129.

Mendelsohn, Robert O. 2006. "A Critique of the Stern Report." *Regulation* 29(4): 42–46.

Merton, Robert C. 1969. "Lifetime Portfolio Selection under Uncertainty: The Continuous-Time Case." *Review of Economics and Statistics* 51(3): 247–257.

Mityakov, Sergey. 2007. "Small Numbers, Large Meaning: A Sensitivity Analysis of the *Stern Review on Climate Change.*" February 2. Unpublished paper.

National Academy of Sciences. Committee on Science, Engineering, and Public Policy. 1992. *Policy Implications of Greenhouse Warming: Mitigation, Adaptation, and the Science Base.* Washington, DC: National Academy Press.

National Research Council. Committee on Abrupt Climate Change. 2002. *Abrupt Climate Change: Inevitable Surprises.* Washington, DC: National Academy Press.

Nordhaus, William D. 1979. *The Efficient Use of Energy Resources.* New Haven, CT: Yale University Press.

Nordhaus, William D. 1991. "To Slow or Not to Slow: The Economics of the Greenhouse Effect." *Economic Journal* 101(407): 920–937.

Nordhaus, William D. 1994. *Managing the Global Commons: The Economics of Climate Change.* Cambridge, MA: MIT Press.

Nordhaus, William D. 2001. "Global Warming Economics." *Science* 294: 1283–1284.

Nordhaus, William D. 2007a. "Accompanying Notes and Documentation on Development of DICE-2007 Model: Notes on DICE-2007.delta.v8 as of June 7, 2007." Yale University, June 7. Available online at http://www.econ.yale.edu/~nordhaus/homepage/DICE2007.htm.

Nordhaus, William D. 2007b. "Alternative Measures of Output in Global Economic-Environmental Models: Purchasing Power Parity or Market Exchange Rates?" *Energy Economics* 29(3): 349–372.

Nordhaus, William D. 2007c. "The Real Meaning of Weitzman's Dismal Theorem." September 3. Available online at http://www.econ.yale.edu/~nordhaus/homepage/recent_stuff.html.

Nordhaus, William D. 2007d. "The *Stern Review* on the Economics of Climate Change." *Journal of Economic Literature* 45 (September): 686–702.

Nordhaus, William D. 2007e. "To Tax or Not to Tax: Alternative Approaches to Slowing Global Warming." *Review of Environmental Economics and Policy* 1(1): 26–44.

Nordhaus, William D., and Joseph Boyer. 1999. "Requiem for Kyoto: An Economic Analysis of the Kyoto Protocol." In *The Costs of the Kyoto Protocol: A Multi-model Evaluation*, ed. John Weyant and Jennifer Hill. *Energy Journal*, special issue: 93–130.

Nordhaus, William D., and Joseph Boyer. 2000. *Warming the World: Economic Models of Global Warming*. Cambridge, MA: MIT Press.

Nordhaus, William D., and David Popp. 1997. "What Is the Value of Scientific Knowledge? An Application to Global Warming Using the PRICE Model." *Energy Journal* 18(1): 1–45.

Nordhaus, William D., and Zili Yang. 1996. "A Regional Dynamic General-Equilibrium Model of Alternative Climate-Change Strategies." *American Economic Review* 86: 741–765.

Nordhaus, William D., and Gary Yohe. 1983. "Future Carbon Dioxide Emissions from Fossil Fuels." In National Research Council–National Academy of Sciences, *Changing Climate*. Washington, DC: National Academy Press, 87–153.

Oppenheimer, Michael. 1998. "Global Warming and the Stability of the West Antarctic Ice Sheet." *Nature* 393: 325–332.

Oppenheimer, Michael, and Richard B. Alley. 2004. "The West Antarctic Ice Sheet and Long Term Climate Policy." *Climatic Change* 64: 1–10.

Peck, Stephen C., and Thomas J. Teisberg. 1993. "Global Warming Uncertainties and the Value of Information: An Analysis Using CETA." *Resource and Energy Economics* 15(1): 71–97.

Phelps, E. S., and R. A. Pollak. 1968. "On Second-Best National Saving and Game-Equilibrium Growth." *Review of Economic Studies* 35(2): 185–199.

Pizer, William A. 1998. "Prices vs. Quantities Revisited: The Case of Climate Change." Resources for the Future Discussion Paper 98-02 (revised). Washington, DC.

Pizer, William A. 1999. "Optimal Choice of Climate Change Policy in the Presence of Uncertainty." *Resource and Energy Economics* 21: 255–287.

Point Carbon. 2006. "Historical Prices." http://www.pointcarbon.com (accessed November 9, 2006, by subscription).

"Polar Science." 2007. *Science*, special issue, March 16.

Portney, Paul R., and John P. Weyant, eds. 1999. *Discounting and Intergenerational Equity*. Washington, DC: Resources for the Future.

Ramsey, Frank P. 1928. "A Mathematical Theory of Saving." *Economic Journal* 38(152): 543–559.

Ramsey, Frank P. 1931. *The Foundations of Mathematics*. London: Kegan Paul, Trench, Trubner, and Company.

Ravelle, Roger, and Hans E. Suess. 1957. "Carbon Dioxide Exchange between Atmosphere and Ocean and the Question of an Increase of Atmospheric CO_2 during the Past Decades." *Tellus* 9: 18–27.

Riahi, Keywan, Arnulf Gruebler, and Nebojsa Nakicenovic. 2007. "Scenarios of Long-Term Socio-economic and Environmental Development under Climate Stabilization." *Technological Forecasting and Social Change*, 74(7): 887–935.

Sachs, Jeffrey D., and Andrew M. Warner. 1995. "Economic Reform and the Process of Global Integration." *Brookings Papers on Economic Activity* 1: 1–95.

Savage, L. J. 1954. *The Foundations of Statistics.* New York: Wiley.

Sen, Amartya, and Bernard Williams, eds. 1982. *Utilitarianism and Beyond.* New York: Cambridge University Press.

Seo, S. N. 2007. "Is *Stern Review* on Climate Change Alarmist?" *Energy and Environment* 18(5): 521–532.

Shepherd, Andrew, and Duncan Wingham. 2007. "Recent Sea-Level Contributions of the Antarctic and Greenland Ice Sheets." *Science* 315(5818): 1529–1532.

Stern, Nicholas. 2007. *The Economics of Climate Change: The Stern Review.* Cambridge: Cambridge University Press. Available online at http://www.hm-treasury.gov.uk/independent_reviews/stern_review_economics_climate_change/sternreview_index.cfm.

Teller, E., L. Wood, and R. Hyde. 1997. *Global Warming and Ice Ages: I. Prospects for Physics-Based Modulation of Global Change.* 22nd International Seminar on Planetary Emergencies, Erice (Sicily), Italy, August 20–23. Available online at www.llnl.gov/global-warm/231636.pdf.

Tol, R. S. J. 2003. "Is the Uncertainty about Climate Change Too Large for Expected Cost–Benefit Analysis?" *Climatic Change* 56(3): 265–289.

Tol, Richard S. J., and Gary W. Yohe. 2006. "A Review of the *Stern Review.*" *World Economics* 7(4): 233–250.

Torvik, Ragnar. 2002. "Natural Resources, Rent Seeking and Welfare." *Journal of Development Economics* 67: 455–470.

UK Joint Intelligence Committee. 2002. *Iraq's Weapons of Mass Destruction: The Assessment of the British Government.* September (unclassified).

UK Treasury. 2006. *Stern Review on the Economics of Climate Change.* http://www.hm-treasury.gov.uk/independent_reviews/stern_review_economics_climate_change/sternreview_index.cfm (accessed November 1, 2006).

United Nations. 2007. UNFCCC (United Nations Framework Convention on Climate Change). Available at http://unfccc.int/2860.php.

United Nations. Department of Economic and Social Affairs, Population Division. 2004. *World Population to 2300*. ST/ESA/SER.A/236. New York: United Nations.

Victor, David. 2001. *The Collapse of the Kyoto Protocol and the Struggle to Slow Global Warming*. Princeton, NJ: Princeton University Press.

Webster, Mort D. 2002. "The Curious Role of Learning: Should We Wait for More Data?" *Energy Journal* 23(2): 97–119.

Weitzman, Martin. 1974. "Prices versus Quantities." *Review of Economic Studies* 41: 477–491.

Weitzman, Martin. 2007a. "On Modeling and Interpreting the Economics of Catastrophic Climate Change." October 29. Unpublished paper.

Weitzman, Martin. 2007b. "The *Stern Review* on the Economics of Climate Change." *Journal of Economic Literature,* 45 (September): 703–724.

Weizsäcker, Ernest U. von, and Jochen Jesinghaus. 1992. *Ecological Tax Reform: A Policy Proposal for Sustainable Development*. London: Zed Books.

Weyant, John, and Jennifer Hill, eds. 1999. "The Costs of the Kyoto Protocol: A Multi-model Evaluation." *Energy Journal*, special issue.

White House. 2007. "Fact Sheet: A New International Climate Change Framework." Available at http://www.whitehouse.gov/news/releases/2007/05/20070531-13.html.

Wigley, T. M. L., R. Richels, and J. A. Edmonds. 1996. "Economic and Environmental Choices in the Stabilization of Atmospheric CO_2 Concentrations." *Nature* 379: 240–243.